U0595329

"十三五"国家重点图书项目

国家出版基金项目
NATIONAL PUBLICATION FOUNDATION

中外文化交流史

何芳川◎主编

宋成有◎著

中国朝鲜韩国文化交流史

国际文化出版公司
·北京·

图书在版编目（CIP）数据

中外文化交流史．中国朝鲜韩国文化交流史 / 何芳川主编；宋成有著．-- 北京：国际文化出版公司，2020.12

ISBN 978-7-5125-1279-5

Ⅰ．①中… Ⅱ．①何…②宋… Ⅲ．①中外关系－文化交流－文化史－韩国 Ⅳ．① K203 ② K312.603

中国版本图书馆 CIP 数据核字 (2020) 第 264009 号

中外文化交流史·中国朝鲜韩国文化交流史

主　　编	何芳川
作　　者	宋成有
统筹监制	吴昌荣
责任编辑	戴　婕
出版发行	国际文化出版公司
经　　销	全国新华书店
印　　刷	文畅阁印刷有限公司
开　　本	710 毫米 × 1000 毫米　　16 开
	8.5 印张　　　　　　　　92 千字
版　　次	2020 年 12 月第 1 版
	2020 年 12 月第 1 次印刷
书　　号	ISBN 978-7-5125-1279-5
定　　价	48.00 元

国际文化出版公司

北京朝阳区东土城路乙 9 号　　　　　　邮编：100013

总编室：（010）64271551　　　　　　传真：（010）64271578

销售热线：（010）64271187

传真：（010）64271187—800

E-mail：icpc@95777.sina.net

目录
Contents

第一章
古代文化交流的独特历史环境 /001

第二章
古代的中国与朝鲜文化交流 /045

第三章
近代中国与朝鲜、韩国文化交流 /097

第四章
中国与朝鲜、韩国跨世纪的文化交流 /115

主要参考文献 /131

第一章

古代文化交流的

独特历史环境

古代的文化交流，无不在一定的历史环境下展开。中国与朝鲜地理邻近，在民族关系、历史关系上极为密切，有别于其他国家和民族的独特交往环境，对古代中国与朝鲜文化交流的进程产生了广泛的影响。

司马迁作《史记》，写下《朝鲜列传》，开正史里中国人认知"朝鲜"的先河；范晔撰《后汉书·韩传》，创中国正史采用"韩国"用语之首例。今天，在三八线南北，朝鲜、韩国同为联合国的成员国。然而，在古代，半岛国家或称古代三朝鲜，或称高句丽、新罗和百济三国。在统一的新罗之后，高丽、朝鲜、大韩帝国依次出现在历史舞台上，作为统一国家时期的历史，为现今朝鲜、韩国两国所共有。

紧邻的地理环境

作为亚洲邻国，中国与朝鲜山水相连，隔海相望。较之波涛凶险的日本、菲律宾，或者与远在南天的越南、老挝、柬埔寨、缅甸，以及被丛山峻岭阻隔的印度、巴基斯坦、阿富汗等中国周边其他邻国，中国与朝鲜毗邻，疆域相互交错的地理环境，具备交往的明显优势。地理的邻近，为古代中国与朝鲜的文化交流提供了便捷的陆路和海路通道。

在古代，彼此接壤的疆域中贯穿着多条陆路交通线。其中，横穿辽东半岛并沿渤海辽西走廊进入中原的交通线，是唐代以后主要的陆路通道。此前，据彼此疆域的不同而有所变动。在古代，中国与朝鲜王权的地域管辖范围，因朝代的变迁而不断推移。因此，中国与朝鲜之间的陆路交通环境也在发生局部的变动。

在夏代，据传大禹划分天下为冀州、兖州、青州、徐州、扬州、荆州、豫州、梁州、雍州九州，即禹定九州。此事确否，众说纷纭，但不妨由此大体推断夏朝的统治范围约在黄河流中下游和长江流域的中部。其边远所及，则大致如《禹贡》所说"东渐于海，西被于流沙，朔南暨声教，讫于四海"。[①] 据此看来，夏代辖地与朝鲜先民居住地区之间，尚有地域上的阻隔。

至商代，殷人统治区域大为扩展。殷人原本为居住在辽西和冀东北一带的东夷民族，逐渐南移进入中原地区。至公元前16世纪，殷人首领成汤起兵讨伐暴君夏桀，建立商朝。殷都在成汤至阳甲前诸王统治期间，先后在河南、河北和山东的亳、嚣、庇、邢、奄等地移动。至盘庚即位并定都于殷之后，殷都相对固定，直到末代商王帝乙、帝辛另设新都朝歌。商朝在武丁在位期间，国力强盛，遂讨伐四方而将统治区域扩展到江南楚地和冀北、辽西。

---

① 《尚书·禹贡》。

殷人管辖区域与东北诸族，其中包括朝鲜族源族群集团濊貊族的生活地区相交邻，建立了族群之间的联系。

武王伐纣

自周代开始，中原王权与东北地区诸民族的关系明显加强。公元前1046年，武王伐纣，商亡周兴。掌握国有土地支配权的周王自称是受命于天的"天子"，对姬姓王族、克纣功臣、商王遗族分土封侯，诸侯再分赐家臣，形成从周天子到诸侯到卿大夫再到士的金字塔式的主从关系。这种用诸于内部的分封制扩大到外臣，扩展至周边国家民族区域，初步形成册封体制的雏形。武王分封箕子于朝鲜，约为外臣。由此，中原王权所辖之地与箕子朝鲜山水相连。周朝振兴，"道通于九夷八蛮""兴正礼乐"，①肃慎献弓矢，越人献雉，倭人献鬯草，周边民族纷纷前来朝贺称臣，是谓"成周之会"。较之殷商，周王权与周边民族的关系更为密切。周人的地域观念，也较殷人大为开阔："自夏以后稷、魏、骀、芮、岐、毕，吾西土也。及武王克商，蒲姑、商奄，吾东土也；巴、濮、楚、邓，吾南土也；肃慎、燕、亳，吾北土也。"②其中，邻近周人"北土"附近，

① 《尚书·旅獒》。
② 《春秋经传集解·昭公九年传》。

当为朝鲜民族先祖的生活圈。

春秋战国时期,燕昭王启用乐毅为亚卿,实行富国强兵的改革,燕国进入全盛时期,即所谓的"全燕时"。乐毅率军南下伐齐,夺城七十余座。在东北方,此时燕国"尝略属真番、朝鲜,为置吏,筑障塞",① 设置上谷、渔阳、右北平、辽西、辽东诸郡。其中,辽东郡治所在襄平(今辽阳),辖境在今大凌河以东。在其东部,生活着朝鲜民族的先民。因为是近邻,燕国与古朝鲜的经济联系在不断加强,朝鲜半岛北部出土了大量燕国铜币明刀钱,即为物证。

秦汉之际,中原王权加强了对东北地区的侵略。在秦始皇即将完成统一中国的公元前222年,"秦灭燕,属辽东外徼。汉兴,为其远难守,复修辽东故塞,至浿水为界,属燕。燕王卢绾反,入匈奴,满亡命,聚党千余人,魋结蛮服而东走出塞,渡浿水,居秦故地上下鄣"。② 由此可知,秦在灭燕统一中国的同时,接管了燕国在辽东的遗产,在鸭绿江中下游的江南地区上下障修筑边塞。至汉兴,诸侯国燕国承袭了秦帝国在鸭绿江流域的故地,这里成为卫满率众东迁的停留之所。浿水,有清川江、大同江、鸭绿江、礼成江、临津江等多解,因时代不同而有异。此处的浿水,史家多以清川江或大同江为是。

汉武帝元封三年(前108),在卫满朝鲜故地置乐浪、临屯、真番三郡,元封四年置玄菟郡,此即汉四郡。其中,乐浪郡下辖15县,汉昭帝时(前86—前74)合并临屯郡,成下辖25县的

---

① 《史记·朝鲜列传》。
② 《史记·朝鲜列传》。

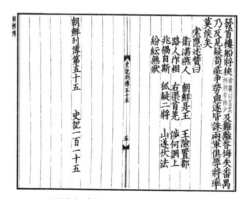

百衲本《史记·朝鲜列传》全文

大郡，"户六万二千八百一十二，口四十万六千七百四十八"，辖领在清川江、龙兴江南至阿虎飞岭山脉；玄菟郡则将真番郡并入，下辖高句丽、上殷台、西盖马三县，"户四万五千六，口二十二万一千八百四十五"，^①辖境在乐浪郡之北的鸭绿江、图们江以南地区。

两汉时期，中原民族对周边民族的认知出现历史性的飞跃。作为高句丽、百济王族之所出的夫余族（亦作"凫臾"）的活动区域在汉代已有相对明确的表述："余夫国，在玄菟北千里。南与高句丽，东与挹娄，西与鲜卑接，北有弱水，地方二千里。"^②高句丽"在辽东之东千里，南与朝鲜、濊貊，东与沃沮，北与夫余接。地方二千里……"。^③其中心区域在今辽宁桓仁、新宾和吉林集安、通化一带，地处浑江、鸭绿江流域。作为朝鲜民族来源之一的沃沮族"东滨大海，北与挹娄、夫余，南与濊貊接。其地东西狭，南北长，可折方千里"。^④东、北、南三沃沮居住在其间。三韩族活动区域在朝鲜半岛中南部，即"韩在带方之南，东西以海为限，南与倭接，方可四千里"。^⑤带方，东汉建安时（196—219）公孙康重新分乐浪郡，在其南部设立带方郡，治所在带方，南接百济。这样，汉朝管辖地区北与高句丽、南与百济毗邻，可谓近在咫尺。

① 《汉书·地理志下》。
② 《后汉书·东夷列传·夫余国》。
③ 《后汉书·东夷列传·高句丽》。
④ 《后汉书·东夷列传·东沃沮》。
⑤ 《三国志·东夷传·韩》。

魏晋南北朝时期，朝鲜进入三国活跃发展时代。新罗据东、百济据西，分占三韩故地。南下汉江流域的高句丽趁中国王权分裂与内乱，拥兵西进，占有辽东，即《宋书》所说"今治汉之辽东郡"。[①]高句丽的西进，在地理上拉近了与汉王权的距离。

隋唐时期，中原王权用兵辽东，经年苦战，高句丽辖地日蹙，退守鸭绿江以南地区。唐朝与新罗结盟，公元660年攻灭百济，置熊津都督府；公元668年平定高句丽，在平壤置安东都护府，辖抚百济、高句丽遗民。唐军据有百济和高句丽南境故地，与新罗矛盾加剧。在对抗高句丽、百济期间形成的唐罗联盟破裂，展开夺土之战。至公元676年，唐将安东都护府和熊津都督府迁至辽东，两国恢复和平交往。735年，唐玄宗许以浿水（今大同江）为界，唐罗遂成地望相接之势。

宋辽金时期，辽金与高丽辖地交错，统和十一年（993）高丽王成宗遣使朝贡，辽圣宗"诏取女真国鸭绿江东数百里地赐之"。[②]辽丽关系稳定，高丽乘机出兵将女真人逐出，将辖区扩展至鸭绿江南岸今平安北道一带。至高丽睿宗临朝，又用兵于图们江南岸地带，1107年出兵，在新拓之地筑英州、雄州、福州、吉州、咸州、宜州、通泰、平戎等九城，将东北疆域扩展至图们江以南地区。[③]这一地区为女真人世代居住之地，进驻九城的高丽军不断受到女真人的袭扰，困守孤城，损兵折将。因此，当女真人主动遣使请

---

① 《宋书·东夷·高句丽国》。
② 《辽史·列传·高丽》。
③ 《高丽史·世家·睿宗一》。

图们江

求归还旧地并纳贡称臣时，睿宗君臣乘机退出九城。[①]1115 年完颜阿骨打称帝，定国号为金。1125 年金灭辽，国势强盛，"高丽以事辽旧礼称臣于金"。[②] 此时高丽地域在"鸭绿江以东，曷懒路以南，东南皆至于海"。[③] 曷懒路，也作合懒路，治所在今咸镜北道吉州，辖地在今长白山之东，图们江以南，咸镜南道以北地区，南接高丽。

金太祖完颜阿骨打画像，存于哈尔滨市金上京历史博物馆

元明清时期，对高丽和朝鲜采取不同政策。1231—1257 年蒙古七征高丽，以武力迫使高丽高宗奉表臣服。忽必烈在 1270 年派高丽达鲁花赤率军入驻西京平壤，置东宁府与双城总管府，将慈悲岭、铁岭以北置于直接控制之下。1280 年元撤销东宁府，高丽得到土地的补偿，北方疆界向鸭绿江边推移。1356 年高丽军占领双城总管府，控制图们江以南土地，但"安边以北，多为女真所占"，直到明初朝鲜朝建立。1395 年，"自义州至闾延，沿江千里，建邑置守，以鸭绿江为界"。李成桂又"招安女真""自孔州迤北至于甲山，

---

① 《高丽史·世家·睿宗二》。
② 《金史·列传·高丽》。
③ 《金史·列传·高丽》。

朝鲜太祖李成桂

设邑置镇""延袤千里，皆入版籍，以豆满江为界"。^① 这样，中国与朝鲜的疆域划分遂以鸭绿江、图们江为界，以至于今。

从以上中国与朝鲜历史边界的变迁来看，陆路交通畅达，尤其是元、明、清三朝均以北京为首都，较之东南亚、中亚诸国，更有利于中国与朝鲜之间的文化交流。此外，中国与朝鲜隔海相望的地理环境，也使海路交通成为一大优势。从山东成山角至朝鲜黄海南道的白翎岛，海上直航距离不足 200 公里；至仁川、群山不足 400 公里，从浙江宁波至今韩国木浦约为 750 公里，至釜山约 950 公里，相互成隔海相望之势。在古代，从仁川或群山、釜山起航前往中国大陆，北路航线可绕过辽东半岛南端，穿过渤海，抵达山东半岛的登州（今山东蓬莱）；南路可直航明州（今浙江宁波）。较之日本、东南亚诸国，中国与朝鲜的海路往来条件的便捷，显而易见。总之，地理交通条件的独特性，是古代中国与朝鲜文化交流发展过程中的重要因素之一。

----

① 吴晗辑：《朝鲜李朝实录中的中国史料》（一），中华书局，1980 年版第 134 页。

悠久的民族关系

观察中国与朝鲜古代民族关系的视角，历来是见仁见智，众说纷纭。笔者持古代东北亚"民族走廊说"。其基本含义有三：其一，东北亚地区是一大人类生活圈。这里地域辽阔，气候温和，四季分明，土质肥沃的平原、水草丰美的草原、茂密的森林和物产丰美的江河湖海，适于人类繁衍。在这个生活圈里，生活着采用不同生产方式的民族，即农耕民族、游牧民族、渔猎民族等大族群。其二，流动性强。尤其是族群机动性强的骑马民族，如匈奴、突厥族或穿过大漠南下，或越过高原西迁，另寻生存繁衍之地。东夷民族、中原农耕民族或沿着陆路、海路东进、西进不止，在陌生之地建立新家园。其三，相互融合。各民族之间彼此来往，经悠久岁月而土著化，实现了相互之间的民族融合。有的民族，如南匈奴、濊貊、鲜卑、高句丽、契丹，只在史书中留下了族名，融入其他民族中而继续发展；一些民族经过吸收其他民族的新鲜血液而壮大成长，族名也在变化，如华夏族之为夏人、殷人、周人、秦人、汉人、唐人等；濊貊族之为朝鲜人、韩人、高句丽人、百济人、新罗人、高丽人等。中原华夏民族与朝鲜民族同为东北亚历史悠久的民族，远在上古时代，已经东北亚"民族走廊"中相遇相融，形成密切的民族关系。

第二次世界大战后，在朝鲜半岛和辽东半岛陆续进行的考古发掘，为探索石器时代人类的活动提供了大量的实物证明。20世纪70年代平安南道德川郡胜利山人、平壤力浦人等旧石器时代人类遗骨的出土，以及 20 世纪 60 年代在咸镜北道的屈浦里、忠清南道公州石壮里等 110 处遗址旧石器的重见天日，20 世纪 50 至 60 年代在平安南道弓山里、黄海北道智塔里、釜山的东三洞、寺岩洞等遍及江河海滨地区发现的 500 余处新石器文化遗址，证明朝鲜半岛同样存在旧石器时代，从鸭绿江、图们江到洛东江的广大地区，曾经是远古人类的生活区域。与此相对，在辽东半岛旧石器和新石器时代的文化遗址密布，1984年辽宁营口西田屯金牛山人遗骨群的发现，说明远在距今 28 万年前的旧石器时代，辽海地区的古人类人丁兴旺。分布于燕山以北至西辽河、大凌河流域的红山文化，与中原地区的仰韶文化存在密切联系，但其彩陶、玉器制作技术颇有特色。特别是具有"中华第一玉龙"之称的碧玉朱首龙等，展现了堪与仰韶文化相媲美的创造之美。

红山文化地区出土的兽形玉石

　　一般研究认为，朝鲜民族的族源，主要由三部分组成，即来自北方的濊貊系族群、中国中原民族移民和半岛南部的三韩民族。濊貊，也作"秽貊""獩貊""秽貉"等，为松嫩平原至朝鲜半岛北部濊族和貊族的族群总称。"濊"，傍水而居的渔猎之民；"貊"或作"貉"，因穿戴貉皮衣帽而得名的游猎民族。濊貊族的生活区域，可以从中国古代典籍之中找到某些线索。周宣王时（前827—前782），召封国在今山西河津东北地区的韩侯人觐，下嫁汾王之女。《诗经·大雅·韩奕》记录其事，内有几句关键诗句透露了濊貊族居住大致区域的信息："王锡韩侯，其追其貊，奄受北国，因以其伯。"古人以"追"与"濊"同音，故"追貊"即"濊貊"；上述诗句表明濊貊族受韩侯节制，应在韩侯封国之北。经过数百年间的东进，至战国时代，濊貊族已在东北地区颇有发展。史载：居住之地临接北方大国燕国的濊貊族，为燕国有利可图的重要东邻，即"东绾秽貊、朝鲜、真番之利"。[①] 在鸭绿江南北地区考古发掘出土大量的燕国明刀币和铁器，以实物印证了史书所载不谬。

至两汉交替之际，濊貊族的地位显著提高。史载："王莽篡位，貊人寇边。"文中之"边"，远在辽东；又载：建武中兴，"濊、貊、倭、韩万里朝献"。[②] 可见，濊貊族所居之地远离东汉帝国首都洛阳，且与朝鲜半岛的韩人、日本列岛的倭人为邻。濊貊族在塞外建立了不少邦国或城邑，其中在"玄菟北千里，南与高句丽"相接的夫余国"本濊人之地"；"依小水为居"的貊人，建立了高句丽国家；在高句丽之南，濊人在"东穷大海"之地自立，由濊君管辖；在濊人居住地之北，则是同为海滨居民的南北沃沮，"其语言、食饮、居处、衣服有似句丽"，与貊人的关系密切。[③]

来自中国中原民族的移民，曾在商周、秦汉王权更替之际东进，

---

① 《史记·货殖列传》。
② 《后汉书·东夷列传》。
③ 《后汉书·东夷列传》。

为朝鲜民族注入新鲜血液。见诸史籍的第一次大规模移民，当在商末周初。公元前 11 世纪，武王伐纣，兵进朝歌，将直言时弊而被纣王监禁的太师箕子释放，即《史记》所载武王"释箕子之囚"。[①]武王敬重满腹经纶的箕子，在拜访并领教了箕子的治国之道《洪范》九畴之后，"乃封箕子于朝鲜而不臣也"。[②]获得自由的箕子率族人东去朝鲜，是为箕子朝鲜或箕氏朝鲜。

如果说《史记》记述距箕子东迁时间过久，那么，距离此一重大事件记述时间较近的文献，亦可作为一例佐证：《易·明夷》载——"内难而能正其志，箕子以之"；"六五，箕子之明夷，利贞"；"《象》曰：箕子之贞，明不可息也。"[③]学者认为："《易》爻辞的时间较早，约当于殷、周之际。在《易》爻辞中保留的历史掌故不少，过去注释家不解其意，妄加解释，其实明夷在这里是地域的名称，也是关于箕氏朝鲜的最早记录。'箕子之明夷'的'之'字当'适'讲，此与《魏志》所载'昔箕子既适朝鲜'全合。"[④]

箕子朝鲜之有无，本来并无争论。朝鲜立国久远，至少在春秋战国时代，中国史籍已多有记载。《战国策》说明古朝鲜的大致地理位置在燕国之东，即"燕东有朝鲜、辽东，北有林胡、楼烦"；[⑤]《管子》记朝鲜盛产虎豹"文皮"，与其开展交易，成为齐国富国策略之一；《史记》为朝鲜立列传。因此，在商周之交，

---

① 《史记·殷本纪》。
② 《史记·宋微子世家》。
③ 《周易·下经·明夷》。
④ 张博泉：《辽阳历代名称浅议》，载《辽阳史志》1986 年第 3 期。
⑤ 《战国策·燕》一。

无论是武王"封之朝鲜",还是箕子"去之朝鲜",都表明"朝鲜"至少作为地名已经存在。

高丽朝的《帝王韵记》《三国遗事》或朝鲜朝的《东史会纲》《东国通鉴》等史著,不以箕子带来中原先进的典章制度为耻,均以平和赞美的立场来记述箕子的东来。其中,《三国遗事》的作者高丽朝忠烈王时期的僧一然,秉承"古之圣人方其礼乐兴邦,仁义设教"的理念,记唐尧之时,檀君王俭"都平壤城（今西京）,始称朝鲜";至武王伐纣,"封箕子于朝鲜。檀君乃移于藏唐京,后还隐于阿斯达,为山神"。[①]朝鲜前期徐居正、郑孝恒等倡导"兴亡可鉴于既往,不虚美,不隐恶,美恶当示于将来"的春秋笔法,于1484年编成《东国通鉴》。在卷首《外纪》分列"檀君朝鲜""箕子朝鲜"条,记述箕子西来事迹,称赞"箕子率中国五千人入朝

《东国通鉴》,韩国国立中央博物馆藏

① 《三国遗事·古朝鲜》。

鲜，其诗书、礼乐、医巫、阴阳、卜筮之流，百工技艺皆从而往焉"，古朝鲜"衣冠制度悉通乎中国，故曰诗书礼乐之邦，仁义之国也，而自箕子始之，岂不信哉！"① 高丽朝曾在平壤建箕子祠，至朝鲜朝更建箕子庙，春秋两祭，历代国王皆奉祭如仪。至19世纪60至70年代，朝鲜军民连续挫败法国、美国远征舰队的侵袭，主政的大院君以为是"檀箕二圣"的庇佑所至。1897年大韩帝国建立，高宗在即光武皇帝位的诏书中，以"朕忆檀君与箕子以来"开篇。② 认可并尊崇箕子的风习，在高丽朝和朝鲜朝绵延不断。当时，平壤的箕子庙香火鼎盛，"箕田"被人们视为箕子时代的遗迹，得到保护，以示对历史的尊重。

1973年，在辽宁省喀喇沁左翼蒙古族自治县北洞村笔架山顶先后发现两个窖藏铜器坑。其中，二号墓出土了晚商时期的青铜方鼎，为辽宁地区的首次发现的商代青铜器。方鼎通高52厘米，口径长40.6厘米，宽30.6厘米，重31千克。万鼎腹内长壁有4行铭文，共24字；鼎内底部正中，出现"箕侯"铭文，以实物见证了箕子侯国的存在。③

当然，在朱子学大盛，箕子受到礼敬的朝鲜朝，也有人以激烈语言否认箕子朝鲜。1675年，一位"既应举而不第"，愤然放浪江湖的落魄文人北崖子自称得到高丽朝的《震域遗记》三卷，熟读之后，撰成《揆园史话》，以重新解释一然《三国遗事》中

---

① 《东国通鉴·外纪·檀君朝鲜·箕子朝鲜》。
② 《日省录》光武元年九月十八日条。
③ 《辽宁喀左县北洞村出土的殷周青铜器》，载《考古》1974年第6期，第366页。

的建国神话，并评述时政。据北崖子说，上
界的"一大主神桓因"命"桓雄天王"下降
太白之山，檀木之下，"被众徒推为君长，
是为神市氏"。神市氏命蚩尤氏执掌兵戎制
作，高矢氏主谷，神志氏作书契，"立教御
民"，蚩尤氏"兴兵出征""威震天下""中
土之民，莫不丧胆奔窜"。此后，桓雄天王
乘云归天，高矢氏诸人共推其子桓检神人为
君长，是为檀君。其后，"夫娄乘统，益修
德政"，并平定南夷北狄，"讨夏征殷，建
侯于禹城"，为"君子之国"。至箕子"婿
余避周，则慕化归依，安栖一支，绵延千年，
遗裔尚繁"。[①] 在北崖子看来，箕子来自文
化落后地区，只能"慕化归依"，因而彻底
否定了箕子东来的文化意义。更有甚者，作
者在虚构了上古时代蚩尤氏出兵中国、夫娄
"讨夏征殷"的故事后，所要追求的目标居
然是用武力创建大朝鲜。北崖子希望在数百
年之后，"余可服东服而操满语，跨驷马而
说清帝，谈同祖，陈厉害，与朝鲜并居辽满
幽营之地，北诱野人而为长驱，东联倭而使

《揆园史话》书影

---

① 北崖子：《揆园史话》，Hanbuli 出版，2005
年版第 21、22、46、50、128、209 页。

挠其南鄙夫。然后，朝鲜之强可复"；"若我常强而无衰，则可抑汉土而郡其地，斥倭寇而锁其海，可号令天下，囊括宇内也"。[①]至 1910 年日本吞并大韩帝国后，反日的民族史学作为复国斗争的锐利武器问世，为了突出自古以来国家独立的立场，民族史学将箕子朝鲜视为外来势力加以贬斥。然而，箕子朝鲜是远古时代民族移动和土著化的自然结果。其王统凡 41 世，从公元前 11 世纪至公元前 2 世纪，国祚绵延约九百余年。对于如此久远的一段历史，应加以研究而非简单地一笔勾销。

秦汉之际，出现新的移民潮。始皇之世，筑长城，修阿房、陵墓、驿道，民力被无情地大规模征用。于是秦人为"避苦役，适韩国"，出现继箕氏之后的移民潮；[②]秦末"陈胜等起，天下叛秦，燕、齐、赵避地朝鲜数万口"，再次远避朝鲜；[③]东汉"灵帝末，韩、濊并强，郡县不能制，百姓苦乱，多流亡入韩者"，[④]等等。总而言之，每逢中原发生动乱，难民往往远避朝鲜、韩濊之地，另谋生路。当时，这里地广人稀，来自中原的移民遂得到安置。对于这些为躲避强秦劳役之苦而来到朝鲜的"秦之亡人""马韩割东界地与之"。[⑤]史载：在这些远道而来移民的语言中保留着不少秦语，"其名国为邦，弓为弧，贼为寇，行酒为行觞，相呼为徒，有似秦语，故或名之秦韩"。马韩对来自中原的秦人加以管理，即"辰韩王

①　北崖子：《揆园史话》，Hanbuli 出版，2005 年版第 216～217 页。
②　《后汉书·东夷传·韩》。
③　《三国志·东夷传·濊》。
④　《三国志·东夷传·韩》。
⑤　《后汉书·韩》。

常用马韩人作之，世相系，辰韩不得自立为王，明其流移之人故也"。① 随着时间的流逝，这些秦人逐渐土著化，变成朝鲜民族的一部分。

秦汉移民之来朝鲜，还可以从日本的史著中得到旁证。据现存最早的史籍《日本书纪》所载：应神十四年（283）自称为秦始皇后裔弓月君率领120县人自朝鲜半岛抵达日本，在近畿（今关西地区）定居，从事养蚕、丝织、围垦新田等，此为日本"秦氏"的起源。② 应神二十年（289）自称为东汉灵帝曾孙阿知使主率领17县百姓进入日本，在大和（今奈良）定居，从事金工、织锦、文字、外交、理财等，此为日本"汉氏"的起源。③ 应神朝在270—310年，此时已是日本弥生时代的末期。《日本书纪》有关弓月君和阿知使主事迹，乃为8世纪的日本人记述五百年前的前代之事，未必完全准确，倒也并非全是无中生有的编造。战后在九州、关西地区考古发掘中，出土了许多与稻作农业有关的器物和水田遗址，进而佐证了：从弥生时代起，借助来自朝鲜半岛的大陆移民的推动，日本突然从新石器时代进入逐步使用铁器的稻作农耕文明时代，实现了生产工具和社会经济形态的历史性飞跃。

作为古代三朝鲜之一，卫满朝鲜历祖孙三代而亡，立国时间最短。但与檀君朝鲜、箕子朝鲜相比，却在史著中记述最详。《史

---

① 《梁书·新罗》。
② 《日本书纪》应神15年条。
③ 《日本书纪》应神20年条。

记·朝鲜列传》曰："朝鲜王满者，故燕人也。"一般认为，卫满是在公元前195年渡过浿水（今清川江）进入箕子朝鲜辖地。箕子朝鲜王箕准拜卫满为博士，令其守卫西北部边防。随着中原燕、齐难民不断流入，卫满实力渐增。在召集当地真番、朝鲜居民而实力进一步增强后，卫满驱逐箕准，自立为王，建都王险（检）城（今平壤），国土方圆数千里。汉朝承认其地位，"约满为外臣，保塞外蛮夷，无使盗边；诸蛮夷君长欲入见天子，勿得禁止"。至第三代卫氏国王右渠时，卫氏违反约定，"所诱汉亡人滋多，又未尝入见；真番旁众国欲上书见天子，又拥阏不通"，汉使何谨前往责备，右渠"终不肯奉诏"，并"发兵袭攻杀何"。[1] 于是，汉武帝在公元前109年派遣大军经一年的苦战，克王险城，灭卫氏朝鲜。公元前108—前107年在卫氏朝鲜之地设置乐浪、玄菟、真番、临屯等四郡。由此至公元313年高句丽攻占乐浪，史称汉四郡时期。四百余年间，大量汉人进入其地，带来先进的中原文化并落地生根，如鸿儒山东琅琊王氏之为乐浪王氏。应神朝，将儒学引入日本的王仁即为其后人。

居住在朝鲜半岛的三韩民族是韩（民族）的源头之一。所谓三韩，即马韩、辰韩、弁韩。史载马韩在半岛中西部，有54国。"其北与乐浪，南与倭接""马韩最大，共立其种为辰王，都木支国，尽王三韩之地。其诸国王先皆是马韩种人焉"。"马韩人知田蚕，作绵布。出大栗如梨。有长尾鸡，尾长五尺。邑落杂居，亦无城郭。作土室，形如冢，开户在上。不知跪拜。无长幼男女之别。不贵

---

① 《史记·朝鲜列传》。

金宝锦罽，不知骑乘牛马，唯重璎珠"；"其人壮勇"，每年5月、10月，"祭鬼神，昼夜酒会，群聚歌舞，舞辄数十人相随塌地为节""诸国邑各以一人主祭天神，号为'天君'。又立苏涂，建大木以悬铃鼓，事鬼神。"① 辰韩在半岛东南，有12国，"土地肥美，宜五谷"；"俗喜歌舞饮酒鼓瑟。儿生欲令其头扁，皆压之以石"。② 弁韩在辰韩之南，亦有12国。"弁韩与辰韩杂居，城郭衣服皆同，言语风俗有异。其人形皆长大，美发，衣服洁清而刑法严峻。其国近倭，故颇有文身者"。③

在秦汉之后诸朝，仍有移民相互流动。唐太宗贞观十九年（645），"徙辽、盖、岩三州户口入中国者七万人"。④ 唐高宗总章元年（668），唐罗联军破高句丽；二年，"五月庚子，移高丽户二万八千二百，车一千八十乘，牛三千三百头，马二千九百匹，驼六十头，将入内地，莱营二州般次发遣，量配于江淮以南及山南、并凉以西诸州空闲处安置"。⑤《三国史记》记载为总章二年"夏四月，高宗移三万八千三百户于江淮之南及山南、京西诸州空旷之地"。⑥ 可知，按每户5人计算，约有15万至20万高句丽亡国之民被遣送到苏皖晋甘等地广人稀之处谋生，汉化为中国人。至宋元和明清更替之际，又有中国名门望族如孔子后裔，抗倭将士家族，不服异族入主的义士等陆续进入高丽、朝鲜。这些来自

① 《史记·朝鲜列传》。
② 《史记·朝鲜列传》。
③ 《史记·朝鲜列传》。
④ 《资治通鉴》卷一九八。
⑤ 《旧唐书·高宗纪下》。
⑥ 《三国史记·高句丽本纪第十·宝藏王下》。

中国的移民累代繁衍，韩化为邻邦之民。至于晚清同治、光绪年间渡江来中国东北边地垦荒的韩人，后为中国朝鲜族，为中华民族大家庭增添了新成员。

作为中国与朝鲜民族关系密切的历史表现，在家族姓氏上，朴氏、金氏、高氏等朝鲜固有的姓氏，在新罗、高句丽立国时，已出现在古籍中。新罗王儒里尼师今九年（32），改六部之名并赐姓，即"杨山部为梁部，姓李；高墟部为沙梁部，姓崔；大树部为渐梁部，姓孙；珍部为本彼部，姓郑；加利部为汉祇部，姓裴；明活部为习比部，姓薛"，[①] 李氏、崔氏、孙氏、郑氏、裴氏、薛氏等本为朝鲜家族姓氏，采用了中国汉字姓氏。据《韩国人的姓谱》等著作，在目前韩国251个姓氏中，孔氏、奇氏、王氏、柳氏、宋氏、冯氏、石氏、刘氏、卞氏、张氏等162个姓氏的先人祖籍在中国，后转辗来韩国定居而成为韩人。[②] 例如，元顺帝时，孔子的第54代孙、翰林学士孔绍随侍鲁国长大公主来高丽，官拜昌原伯，此后世代繁衍于韩国；幸州奇氏以箕子为始祖，一门名士辈出。[③] 草溪、密阳卞氏则是在景德王二年（743），携《孝经》来新罗的八学士之一的卞源，留居未归而成韩国卞氏的始祖，[④] 等等。

朝鲜姓氏的构成，与族源主要由濊貊、三韩族和中国移民构成相一致，从一个侧面反映了中国与朝鲜民族关系的密切。与同样采

① 《三国史记·新罗本纪第一·儒里尼师今》。
② 《韩国人的姓谱》，民众书阁，1997年版。
③ 白镇禹等编：《韩国姓氏总鉴》，韩国姓氏总联合会，2005年版第66、185页。
④ 《韩国人的姓谱》，民众书阁，1997年版第458页。

用了中国式姓氏的越南相比，在朝鲜 270 余种姓氏中，采用汉式姓氏者数量更多，也更丰富，世世代代，香火鼎盛。

总之，在东北亚民族走廊相遇相融的中国与朝鲜民族，经悠久的岁月，形成互有你我的密切关系。这种密切性，不仅特色独具，而且为文化交流的展开添加了亲和力和感知力，构成两国文化交流源远流长的不竭内驱力。

密切的政治关系

中国与朝鲜的政治关系始于箕子走之或封于朝鲜。其后经卫满朝鲜、汉四郡的变迁，至三国时代，双方的政治关系在封贡体制框架中进一步发展。三国之中，高句丽最先出现于中国史籍。史载，汉武帝元封四年（前 107），汉武帝置玄菟郡，属幽州，计有"户四万五千六，口二十二万一千八百四十五"，下辖高句丽、上殷台、西盖三县。①

据《广开土王碑》《牟头娄墓志》记述，公元前 37 年（汉元帝建昭二年），高句丽立国。始祖为东明圣王，姓高，名朱蒙（邹牟）。"始祖东明圣王，姓高氏，讳朱蒙"；"唯昔始祖邹牟王之创基也，出自北夫余。天帝之子，母河伯女郎，剖卵降世"。②《三国史记》比较详细地记载了高句丽的建国神话：夫余王解夫娄老而无子，祭山川求嗣，得小儿金蛙，立为太子。金蛙即位，

---

① 《汉书·地理志下》燕地条。
② 《广开土王碑》。

平壤东明王陵前的朱蒙雕像

在大白山得"河伯之女"柳花，立为后。柳花为日影照射而生一卵，有一男儿破壳而出，骨表英奇，善射，夫余俗语善射为朱蒙，故以名。朱蒙又善养马，后带三个贤臣南奔卒本川纥升骨城，途中遇到大河，告水曰"我是天帝之子，河伯外孙"，于是，鱼鳖浮出成桥，朱蒙得渡。后结庐于沸流水上，居之，国号高句丽。[①] 一般认为，沸流水即浑江，纥升骨城为今辽宁桓仁县五女山城。

公元 6 世纪编撰成书，比《三国史记》早 600 年的中国史籍《魏书》所载高句丽的建国神话曰："高句丽者，出于夫余，"先祖朱蒙之母为河伯女，"为夫余王闭于室中，为日所照，生一卵，

---

① 《三国史记·高句丽本记第一·东明圣王》。

浑江，位于中国东北地区，是鸭绿江右岸中国一侧的最大支流

大如五升。其母以物裹之，置于暖处，有一男破壳而出。及其长也，字之曰朱蒙。"朱蒙在国内难以容身，弃夫余东南走。中道遇一大水，祈祷河神曰：我是日子，河伯外孙，于是，鱼鳖并浮，为之成桥，朱蒙得渡。"至纥升骨城，遂居焉，号曰高句丽，因以为氏焉。"①

　　剔除建国神话中的虚构成分，可知高句丽王族出自夫余，崇拜太阳神，受贵族排挤而南奔浑江原野，自立为王。公元 9 年（始建国元年），王莽篡汉，改高句丽王为侯，公元 12 年命高句丽出兵讨伐匈奴，被拒绝，王莽改高句丽为"下句丽"，将王玺改为章，结果引发了边塞武力冲突。公元 32 年（建武八年），"高句丽遣使朝贡，光武复其王号"。②此后，自 32 年至 119 年，高句

---

① 《魏书·高句丽传》。
② 《后汉书·东夷列传》。

丽与东汉互有和战转换，规模较大的冲突事件 9 次：49 年（建武二十五年）高句丽攻击右北平、渔阳、上谷、太原，辽东太守以恩信招之，皆复款塞；105 年（元兴元年），高句丽王高宫复入辽东，略六县，太守击败之，斩其渠帅；[①]111 年（永初五年），高宫联合濊貊"寇玄菟"；[②]118 年（元初五），高句丽与濊貊"寇玄菟"，攻其属县华丽城；121 年（建光元年），幽州刺史、玄菟和辽东太守三路出兵讨伐高句丽，与高宫展开拉锯战。辽东太守及多名汉将阵亡。夫余出兵 2 万援汉，并力破之；[③]146 年（本初元年），高句丽王伯固"复犯辽东""杀带方令，略得乐浪太守妻子"；[④]169 年（建宁二年）高句丽略辽东，玄菟太守讨之，"伯固降，属辽东"；[⑤]190 年（初平元年），辽东太守公孙度"东伐高句丽"，降之，丽兵助公孙讨伐"富山贼"[⑥]；建安中（196—219），公孙康击高句丽，破国焚邑，高句丽王降康。[⑦]

魏晋南北朝时期（220—589），中原的分裂与战乱给高句丽向西扩张的良机。在此期间，高句丽首先与曹魏建立了往来关系：236 年（青龙四年），高句丽杀东吴孙权使节胡卫，"诣幽州"。[⑧]242 年（正始三年），高句丽侵攻安平。244 年（正始五年）幽州刺史

① 《后汉书·东夷列传》。
② 《资治通鉴》卷四九，安帝永初五年正月条。
③ 《后汉书·东夷列传》。
④ 《三国志·东夷传》。
⑤ 《资治通鉴》卷五六，东汉建宁二年十一月条。
⑥ 《资治通鉴》卷五九，东汉初平元年五月条。
⑦ 《三国志·东夷传》。
⑧ 《三国志·东夷传》。

毌丘俭大举讨伐，翌年追击至沃沮；[①] "穿山灌溉""徙其余种于荥阳"，[②]复现较长时期的和平。

两晋时，高句丽故国原王十二年（342），迁都丸都城（今吉林集安），再图恢复。此后，与前后两燕展开对辽东的争夺。342年年前燕出兵攻占丸都城，高句丽"遣使称臣"。[③]384年（太元九年），后燕建立。翌年6月，高句丽攻辽东，败后燕军，占领辽东、玄菟。同年11月，后燕反攻，夺还之。[④]

391年（故国壤王九年），高谈德即位，是为广开土王。同年，"七月，南伐百济，拔十城。九月，北伐契丹，虏男女五百口，又招谕本国陷没民口一万而归"；"二年八月，百济侵南边，命将拒之，创九寺于平壤"；"三年七月，百济来侵，王率精骑五千逆击，败之"；"四年八月，王与百济战于浿水之上，大败之，虏获八千余级"。[⑤]396年（永乐六年），王南下击百济，百济"自誓永为奴客"，399年，"百济违誓，与倭和通。王巡下平壤，而新罗遣使白王曰：倭人满其国境，溃破城池，以奴客为民，归王请命"。[⑥]在南进朝鲜半岛，与新罗结成联盟，攻击济倭联盟的过程中，高句丽势力抵达汉江以北。

隆安四年（400）或永乐九年（399），"春正月，王遣使入燕朝贡。

① 《三国志·毌丘俭传》。
② 《资治通鉴》卷八三，晋惠帝元康九年正月条。
③ 《晋书》卷一〇九。
④ 《资治通鉴》卷一〇六，晋太元十年六月、十一月条。
⑤ 《三国史记·高句丽本记·广开土王》。
⑥ 《广开土王碑》。

二月，燕王盛以我王礼慢，自将兵三万袭之"。后燕骠骑大将军慕容熙为先锋，攻高句丽，占新城、南苏两城，"拓地七百余里，徙五千余户而还"。①402 年（元兴元年，广开土王十一年），高句丽军攻占平州；405 年，出师侵燕；404 年，后燕反攻辽东，"不克而还"；406 年，后燕攻木底城，"不克而还"。②高句丽围绕辽东的领有，与北方诸燕多次发生军事冲突。

412 年（东晋义熙八年，广开土王二十二年）长寿王巨琏（琏）即位。长寿王元年，遣使"入晋，奉表，献赭白马。安帝封王高句丽王、乐安郡公"；长寿王"十三年，遣使如魏，贡"；"十五年，移都平壤"。③

南北朝时期，高句丽接受南朝的册封，"使持节、都督营州诸军事"，给予"征东将军""车骑大将军""高句丽王""乐浪公"等各种封号。同时，也接受北朝的册封，给予"车骑大将军""领护东夷校尉""辽东郡开国公""高句丽王"等封号。由此可知，高句丽国家控制的领土一度遍及辽东。但将高句丽王国称为"帝国"就不符合史实了。历代高句丽王皆以求取中国王权，包括五胡十六国、北朝王权的封号为荣耀，以王权正统化的标志。皇帝册封国王，这是理解封贡体制的基本常识。

即使是高句丽全盛时期的广开土王高谈德，也在九年"遣使入燕朝贡"；十七年再遣使赴燕，"且叙宗族"，与胡族王权慕

---

① 《资治通鉴》卷一一一，晋隆安四年正月条；《三国史记·高句丽本记·广开土王》第六，广开土王九年条。
② 《三国史记·高句丽本记·广开土王》。
③ 《三国史记·高句丽本记·长寿王》。

容氏联络感情。《广开土王碑》《王国史记》均以国王称之，这是对历史的尊重。其子长寿王在即位的当年就遣使"入晋奉表，献赭白马，安帝封王为高句丽王、乐安郡公"。在位第十三年"遣使入魏贡"之后，几乎年年遣使向北魏王权称臣纳贡，获得"都督辽海诸军事，征东将军、领护东夷中朗将、辽东郡开国公、高句丽王"等封号。在位第五十年"遣使入宋朝贡"，被南朝刘宋孝武皇帝册封为"车骑大将军，开府仪同三司"。在位第六十八年南齐太祖册封长寿王为"骠骑大将军"，王遣使入南齐朝贡谢恩，使节船在海上被北魏军俘获，高祖下诏责备长寿王"远通篡贼，岂是藩臣守节之义"，但长寿王继续"遣使南齐朝贡"。[①]可见，即使在国力最强大时期的历代高句丽王，也奉"藩臣"名分，并无称帝之举。

百济的国号最初见载于《后汉书》的韩传，仅记作三韩"凡七十八国，伯济是其一国焉"[②]等寥寥十余字。《三国志·东夷传》的韩传罗列了三韩五十余国的国名，仍将百济称为"伯济国"，其他则语焉不详。直到魏晋南北朝时，在《宋书》的东夷传中，才正式为百济国立传，记述东晋义熙十二年（416）晋安帝册封百济支腆王余映"为使持节，都督百济诸军事，镇东将军、百济王"；元嘉二年（425），刘宋文帝册封毗有王为"使持节，都督百济诸军事，镇东大将军，百济王"，以表彰百济王"累叶忠

---

① 《三国史记·高句丽本纪·长寿王》。
② 《后汉传·韩》。

顺，越海效诚""其后每岁遣使奉表，献方物"。[①]百济自立国就受到靺鞨、高句丽、新罗的侵攻，特别是在广开土王在位期间，高句丽南下兵锋锐利，攻城略地，对百济形成沉重压力。

在丽济战争中连吃败仗的百济不得不在与倭国交好的同时，对中国采取南北通交的两面外交方针。百济与南朝通贡 27 次，北朝 3 次，遣使求封，乃至乞师。但北朝无意与高句丽轻启战端，东晋和刘宋乃至南朝诸朝，均为偏安江南的小朝廷，且又远在海西，远水解不得近渴。情急之下，百济只得求助对半岛心怀叵测的倭国，结成倭济同盟。在无形中，百济倒也因此成为向倭国传播大陆先进文化的桥梁。

在遗址重建的百济弥勒寺石塔

① 《宋书·百济国》。

地处半岛东南的新罗，虽然在十六国时期的 381 年曾遣使与高句丽使节同至前秦通贡，但直到南北朝后期才出现在中国史籍之中。《梁书》最先为新罗立传，记载："其地东滨大海，南北与句丽、百济接，魏时曰新卢，宋时曰新罗或曰斯罗。其国小，不能自通使聘。普通二年，王姓募名秦，始使使随百济奉献方物。"[1] 普通二年（521 年），新罗首次派遣使节与百济使来南梁朝贡。此后的《陈书》《魏书》《北齐书》《周书》均不见为新罗立传的记载，直到《隋书》才重现《新罗传》，记作"开皇十四年，遣使贡方物，高祖拜真平魏上开府，乐浪郡公、新罗王"。[2] 开皇十四年，即公元 594 年。斯年，隋文帝杨坚对新罗王金真平加以册封。此后，在《南史》《北史》《旧唐书》《新唐书》等史籍中，有关新罗的记载越来越详细，篇幅明显增多，反映了双方联系日益频繁。

究其原因，是新罗所面临的国际环境最为艰难。来自北方高句丽的南下压力有增无减；南疆经常受到倭国的侵攻；为争夺对伽倻控制权，与西邻百济关系交恶。三面受敌的新罗在如何应对罗丽、罗济、罗日敌友转换关系的过程中，积累了丰富的外交经验。公元 4 世纪前后，新罗联络高句丽，对抗日济联盟；公元 5 世纪中期之后，联合百济，对抗南下的高句丽。为争得与高句丽、百济和倭国同等的国际地位，新罗克服被丽济阻隔的困难，向大陆胡汉王权通贡，加入封贡体制。381 年，新罗随高句丽遣使前秦；

---

① 《梁书·新罗》。
② 《隋书·新罗》。

位于韩国庆尚北道庆州的真兴王墓

521 年，随百济遣使南梁；564 年，新罗真兴王自行遣使北齐；
565 年，武成帝册封真兴王为"使持节，东夷校尉、乐浪郡公、新
罗王"。①此后，新罗又于陈废帝光大二年（568）、陈宣帝太建
二年（570）、太建三年（571）、太建十年（578）向南陈遣使献
方物。

589 年杨坚建立统一王朝隋朝，三国竞相遣使隋都，接受册封。
至隋炀帝即位，并应新罗的吁请，隋军兵进辽东，讨伐高句丽。
618 年，唐王朝建立，新罗复与唐结成同盟，讨伐百济、高句丽。
唐太宗对高句丽采取等待时机策略。在减缓了来自北方突厥和西
南吐蕃的扰边的压力后，集中力量对付高句丽。642 年，机会到来。

① 《北齐书·武成纪》。

高句丽西部大人盖苏文发动政变，击杀荣留王，另立高臧为王，自任莫离支，专擅朝政，招致国内不安；又兵侵新罗，以邻为壑。644 年，唐太宗以盖苏文弑君篡政、侵暴邻国为名，诏令出兵讨伐高句丽。645 年，唐军进军辽东，在击溃丽军，并迫使率军将领高延寿请和后，撤出辽东。647 年、648 年唐军改变战术，实行海路并进，战捷即归，实施袭扰战和消耗战，静观其变。

百济乘新罗出兵助唐之机，夺占新罗 20 余城。650 年罗使金法敏赴唐奏告，651 年唐劝告百济义慈王息兵、归还城池。652 年义慈王遣使长安、虚与应付；653 年与倭国通好，655 年与高句丽、靺鞨南北夹击新罗，夺取 30 余城。[①]百济的挑战，激怒唐高宗。660 年 18 万唐罗联军攻占熊津城，百济败亡。唐在其旧地设置都督府，各统州县，对高句丽形成南北夹击之势。666 年盖苏文亡，内乱起。盖苏文之子泉男生吁请高宗援助，唐军出动，668 年与泉男生里应外合，攻灭高句丽，并置安东都护府于平壤。

百济、高句丽灭，唐罗的共同敌人消失。两国因领土归属而产生的猜忌和矛盾，愈演愈烈。670 年，唐因新罗"擅取年间土地遗民"而怒责新罗文武王金法敏并扣留新罗使者，双方关系进一步恶化。[②]672 年唐罗战争爆发，互有胜负。674 年唐高宗下诏削除金法敏的所有官爵封号，另立其弟金仁问为新罗王。675 年双方展开更加激烈的战争，僵持不下。金法敏遣使长安致歉，给足高宗面子。对罗策略奏效，加之吐蕃在西南扰边，唐军停战。676 年，

① 《三国史记·百济本纪·义慈王》。
② 《三国史记·新罗本纪第六·文武王上》。

安东都护府、熊津都督府北迁辽东，唐罗恢复和平。689年渤海国崛起，对新罗形成威胁，唐罗关系密切化，一如当年联手对付高句丽。

918年王建创建高丽王朝，北方强邻辽国和金国阻断了高丽与中原北宋王权的陆路交通。从维护国家安全考虑，高丽虽然向辽金纳贡称臣，接受封号，但华夷之别分明。高祖王建临终前亲授《训要》十条，其第四条涉及对外方针，强调"惟我东方旧慕唐风文物，礼乐悉遵其制"，而"契丹是禽兽之国，风俗不同，言语亦异，衣冠制度，慎勿效焉"。[①]与三国时代高句丽、百济、新罗在推行两面外交，并无过多的华夷观念的障碍相比，王建的训要反映了高丽君臣在文化心理上对北方王权的蔑视和抵制。对冠冕之国宋朝，高丽君臣心向往之，文王徽曾"梦至中华"并"作诗纪其事"，遣使入宋。1078年宋使至高丽，"徽具袍笏玉带拜受诏"，特建"顺天馆，言尊顺中国如天云"。[②]但"天云"过于高远，

高丽太祖王建

---

① 《高丽史·世家卷二·太祖二》。
② 《宋史·高丽传》熙宁二年、元丰元年条。

至康王南渡，高丽仅通贡 3 次，使节遂绝。

1206 年蒙古各部推举铁木真为大汗，尊称成吉思汗，蒙古汗国建立。1219—1259 年，蒙古铁骑发动连续 40 年的西征，建立了横跨亚欧大陆的蒙古大帝国。在东北亚，1227 年蒙古军攻灭西夏，1234 年灭金，1244 年降吐蕃，1257 年征服高丽。1271 年第五代大汗忽必烈改国号为大元，8 年后灭南宋，统一中国版图。元世祖忽必烈宣称"圣人以四海为家""以至用兵，夫孰所好"云云。①但马上取天下，也以马上治天下的元帝国在国内推行人分四等的民族压迫政策。1273 年元军攻入济州岛，击灭坚持抗元的三别抄军，将济州岛辟为东征日本的前进基地。1274 年高丽军随元军征伐日本，败绩。元在高丽设置征东行省，将其国家军事基地化。1281 年元丽军与新附军再征日本，复败。元朝武力强迫周边国家臣服，致使传统的华夷理念和国家间的关系处于异常状态。

济州岛

---

① 《元史·日本传》至元三年八月条。

1368 年正月，朱元璋在南京开国大明。8 月，北伐军攻占大都，元顺帝北逃，元朝灭亡。1371 年明军征四川，1381 年克云南，1387 年复辽东，建立了大一统的王朝。以"驱逐胡虏，恢复中华"号召天下的朱元璋，以传统的华夷理念，重建宗藩关系。在东北亚，明朝尤其重视与朝鲜的关系。1392 年（洪武二十五年）李成桂即位于寿昌宫后，立即派遣多批使臣前往南京禀告新朝的建立。朱元璋对使臣赵琳说，李成桂"再三差人来，大概要自做主，我不问，教他自做。自要抚绥百姓，相通来往"。① 李成桂闻讯大喜，立即决定"遣艺文馆学士韩尚质如京师，以'朝鲜''和宁'，请更国号，乞圣裁"。朱元璋以为"东夷之号，惟'朝鲜'之称美，且其来远，可以本其名而祖之。体天牧民，永昌后嗣"。② 《明史》对确定国号的记述极为简洁，曰："李成桂'闻皇太子薨，遣使表慰，并请更国号，帝命仍古号曰朝鲜'"，③ 云云。明太祖朱元璋不仅亲自为朝鲜确定国号，而且将朝鲜列为"不征之国"，善待如宾。

1403 年燕王朱棣夺大位，改元永乐，是为明成祖。朝鲜太宗李芳远率先遣使朝贡，承认新皇。朱棣很高兴，对朝鲜使臣说，"外邦虽多，你朝鲜不比别处"，立即颁发册封的诰命、印章，赠予冕服和大量礼物。④ 朝鲜王国"自后贡献，岁辄四五至焉"；永乐

---

① 吴晗辑：《朝鲜李朝实录中的中国史料》（一），中华书局，1980 年版第 112 页。
② 吴晗辑：《朝鲜李朝实录中的中国史料》（一），中华书局，1980 年版第 112 ～ 113 页。
③ 《明史·列传·外国一·朝鲜》。
④ 《朝鲜王朝实录·太祖实录》太祖元年、三年条。

朝以来"朝鲜益近，而事大之礼益恭，朝廷亦待以加礼，他国不敢望也"。^①

至万历二十年（1592）、万历二十五年（1597）日本丰臣秀吉两度出兵侵朝，朝鲜八道几乎尽失。明朝举倾国之兵，渡过鸭绿江救援。明朝也因此而付出沉重代价，史称：朝鲜万历之役，"倭乱朝鲜七载，丧师数十万，糜饷数百万，中朝与属国迄无胜算，至关白死而祸始息"^②。朝鲜君臣感怀明朝的援救之恩，祭祀明太祖、万历皇帝和崇祯皇帝的大报坛、万东庙和朝宗岩大统庙，香火鼎盛；建于汉城和平壤的宣武祠、武烈祠，分别纪念援朝的兵部尚书邢玠、石星、都御使杨镐和东征提督李如松等，两国关系进一步密切。

明朝衰微，祖居白山黑水之间的建州女真族迅速崛起。1616 年努尔哈赤建国后金，称汗并建年号天命，以武力问鼎中原。天聪元年（1627），皇太极继续用兵中原。为解后顾之忧，派贝勒阿敏率兵渡鸭绿江，征朝鲜，约为"兄弟之国"。崇德元年（1636）皇太极率 12 万军队亲征朝鲜，迫使朝鲜称臣，改奉清年号。有清一代，沿用了明朝对朝鲜的宗藩关系旧例。历代朝鲜国王即位、立储、吊问之时，清朝的使臣如仪前往朝鲜；每逢元旦、冬至、新君登基、帝后寿诞、立太子、驾崩等重大国事之际，朝鲜使臣也西赴北京致礼致意。据不完全统计，1637—1850 年，朝鲜使臣赴清 615 次；

---

① 《明史·列传·外国一·朝鲜》。
② 《明史·朝鲜传》。

北京故宫博物院藏明仇英作《职贡图卷》中的朝鲜朝贡队伍

朝鲜国夷官

朝鲜古营州外域周封箕子於此汉末扶余人高姓据其地
改国号高句骊亦称高丽唐李勣征高氏遂减至五代时有
王建者自称高丽王歴唐至元屡服屡叛明洪武中李成桂
自立為王遣使請改国号為朝鲜

本朝崇德元年
太宗文皇帝親征克之其国王李倧出降封為朝鲜国王賜龜紐金
印自是朝鲜遂服庆賀大典俱行貢獻禮其国分八道四十
一郡三十三府三十八州七十縣王及官屬俱仍唐人冠服
俗知文字喜讀書飲食以籩豆官吏閒威儀婦人裙襦加襈
公會衣服皆錦繡金銀為飾

法国国家图书馆藏清乾隆年间彩绘绢本《职贡图》中的朝鲜国官民像（1）

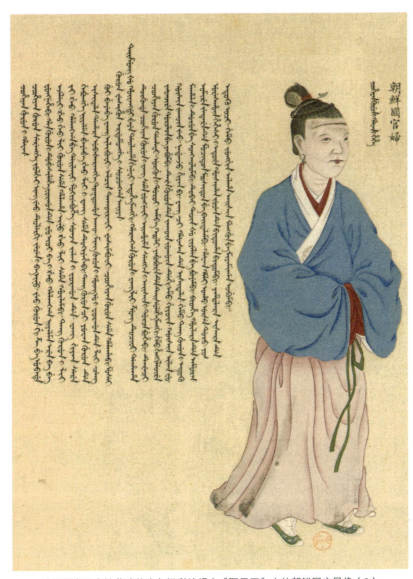

法国国家图书馆藏清乾隆年间彩绘绢本《职贡图》中的朝鲜国官民像（2）

法国国家图书馆藏清乾隆年间彩绘绢本《职贡图》
中的朝鲜国官民像（3）

法国国家图书馆藏清乾隆年间彩绘绢本《职贡图》中的朝鲜国官民像（4）

清朝使臣前往朝鲜160次。[①] 即或如此，朝鲜君臣仍不忘明朝旧恩，反清复明的"北伐论"潜行多年。1780年来华庆贺乾隆帝的朴趾源在《热河日记》中，将这一年记作"崇祯百五十六年"，以为明朝"恩在肌髓，万世永赖，皆吾上国之恩也"。[②]

《热河日记》

19世纪前半期，经历了工业革命的欧美国家对中、日、朝鲜发起第二次冲击，西力东渐。1840年鸦片战争的爆发和1842年《南京条约》的订立，形成东北亚国际体系出现传统宗藩关系体制与近代条约体制并存的新格局。被欧美第二次冲击激活的日本，在明治维新的过程中脱亚入欧，成为颠覆传统宗藩关系的新角色。1895年《马关条约》订立，中朝宗藩关系彻底决裂。日本给予朝鲜的"独立"在此后逐一露出了马脚，1905年在俄国势力退出朝鲜半岛的同时，日本将《乙巳五条约》强加给朝鲜，使之变成日本的保护国。1910年，日本强行吞并了朝鲜，中国东北地区暴露在军国主义侵略的锋芒之前，其历史教训值得注意。

[①] 赫治清：《历史悠久的中韩交往》，北京大学韩国学研究中心编：《韩国学论文集》（第2辑），北京大学出版社，1994年版第36页。
[②] 《热河日记·行在杂录》。

第二章

古代的中国与朝鲜文化交流

　　文化交流主要通过官方或民间两种渠道进行。官方文化交流是政治关系在文化领域的体现，直接受到国家政治关系的制约。民间文化交流具有对国家关系的相对超越性，但也并非与国家关系的状况无关。由于中国与朝鲜自古以来政治关系极为密切，民族关系息息相通，地理邻近且交通便捷，为开通官民两种文化交流渠道提供了极为有利的条件。

　　因此，在中国与朝鲜文化交流的漫长过程中，既形成了官民并举的交流渠道，也开拓了多种交流领域，举凡典章制度、儒学训诂、道佛宗教、文史典籍、诗词歌赋、舞蹈演乐、丹青美术、天文历法、医学本草、阴阳卜筮、节庆习俗、庭园建筑、技艺百工、农耕水利等涉及文化的所有方面，均在双方交流的范围之内。这样，源远流长与全方位展开，构成中国与朝鲜古代文化交流的最大特色之一。此外，官方渠道的色彩斑斓和功利性，民间渠道的广泛性和自发性，也使双方文化交流色彩斑斓。

古朝鲜时代的文化交流

在古代，以中国王权为中心的册封体制构成官方文化交流的基本框架。史载商周交替之际的箕子东去朝鲜，之所以具有官方文化交流色彩，源于周武王的册封。箕子"去之朝鲜，教民以礼义，田蚕织作。乐浪朝鲜民犯禁八条：相杀以当时偿杀；相伤以谷偿；相盗者男没入为其家奴，女子为婢"，将古朝鲜治理为"其民终不相盗，无门户之闭，妇人贞信不淫辟"的君子之乡。^①官方文化交流的积极作用，首先体现于典章制度的建设。据近年来"夏商周工程"最新研究成果，武王伐纣这一改朝换代的大事件，发生在公元前1046年。由此计算，中国与朝鲜之间的文化交流，至少在3000年以上。与中日、中越文化交流的2000年相比，可谓历史悠久，源远流长。在箕子朝鲜、卫满朝鲜和汉四郡时代之后，官方的高层文化交流的角色，主要由双方使节来扮演，虽经改朝换代，但历久不衰。

秦末为躲避苦役的燕赵之民，在无意中扮演了民间文化交流的主要角色。这些"秦之亡人"掌握先进的农业生产技术，"知蚕桑，作缣布，乘驾牛马"；熟知礼仪，他们"嫁娶以礼，行者让路"，在文明程度上，高于"不知跪拜。无长幼男女之别。不贵金宝锦罽，不知骑乘牛马"的马韩人。^②远来朝鲜而土著化为辰（秦）韩人的"秦之亡人"还掌握当时最先进的冶铁技术，即"国

---

① 《汉书·地理志下》燕地条。
② 《后汉书·韩》。

出铁，濊、倭、马韩并从市之"，① 为韩族地区的历史进步做出了贡献。此后，僧侣道士、文人墨客、医师商贾、歌舞艺者等三教九流诸业人士，也是民间文化交流的重要承担者。

无论是官方还是民间渠道的彼此交往，在漫长的中国与古代朝鲜文化交流的发展过程中，均展示了若干具有规律性的特点。概括来看，主要表现为：（1）发展水平的落差蕴含着巨大的文化交流能量。先行发展地区的文明优势构成文化交流的制高点，孕育了中心对周边的强韧文化辐射力和凝聚力；后发展地区按照文化建设、制度建设的需要，以主动的"慕化之心"增强着向心力。（2）交流方式以和平交往为主。先行文明并非使用武力强制性地将其价值观念强加给邻国或周边民族，而是凭借自身的吸引力，任由后行者自行选择。（3）不同层次的文化在交流过程中，流动形态逐渐发生变化。典章制度、诗词歌赋、天文历法、儒释道等雅文化，在一定时期内从中心地带单向地向周边流动，而节庆俗信、歌舞演艺、技艺百工、农耕水利等俗文化则对等交流，呈现双向流动的样态。（4）文化交流受制于多种因素。文化交流并非超越时空地孤立存在，在其发展过程中自然受到其他各种因素，例如政治、军事、经济等因素特别是国家关系的制约。（5）汉字在相互交流中，扮演了不可或缺的重要角色。随着中国周边国家民族文化的发展，逐渐形成各具特色的民族语言，但汉字的作用依旧。因此，中国、朝鲜、日本、越南的古代文化形态，也被称为汉字文化圈。上述特点，在高句丽、百济和新罗与中国文化交

---

① 《后汉书·韩》。

流的过程中均有不同的表现。

三国时代的文化交流

高句丽立国之初，典章制度相对简单："凡有五族，有消奴部、绝奴部、顺奴部、灌奴部、贵娄部。本消奴部为王，稍微弱，后贵娄部代之。其置官，有相加、对卢、沛者、古邹大加、主簿、优台、使者、帛衣、先人"；"无牢狱，有罪，诸加评议便杀之，没人妻子为奴婢"；"好祠鬼神、社稷、零星，以十月祭天大会，名曰'东盟'。"[①] 五部族此消彼长，后来贵娄部取代消奴部，升格为王族。可见，在高句丽立国之初，尚保留着若干军事民主制时代的特征。其官制中，与秦汉之际相国或丞相含义近似的"相加"居首，还借用汉晋官制中的主簿等概念，或多或少地受到中国政治文化的影响。

至第二代国王琉璃明王，在位十一年时击败鲜卑，扩展领土；二十一年，在国内尉那岩收留依附者，赐名沙勿；二十二年，迁都国内城（今集安县境内）；二十四年，得"两腋有羽"的异人，赐姓羽氏；三十一年，拒绝王莽发兵伐胡之命，袭扰汉边地；三十二年，伏击夫余军，进占马登山；三十三年，攻占梁貊、汉玄菟郡高句丽县。[②] 据此可知，立国不久的高句丽在持续吸收其他民族的扩边开土的过程中，已与中国王权产生对立和冲突。琉璃

---

① 《后汉书·东夷列传·高句丽》。
② 《三国史记·高句丽本纪第一·琉璃明王》。

明王在位三年续娶鹘川女、汉人之女为后，二女争宠不和，汉女盛怒出走。琉璃明王追之而不归，见黄雀飞来，依树作歌曰："翩翩黄雀，雌雄相依。念我之独，谁其与归？"此歌采用了汉代乐府诗的风格，汉字表述能力达到相当水准。琉璃明王所迎娶的倔强汉女，当为汉文化进入高句丽王廷的重要人物。

至第三代国王大武神王二年，百济民两千户来投；三年立东明王庙，祭祀开国之君；四年北伐夫余，途中得宝鼎、金玺等，在负鼎氏、北溟人、赤谷人诸部族的协助下，五年破北夫余，斩其王，尽占其地；九年征服盖马国，句茶国来降，"拓地浸广"。① 八年拜乙豆智为右辅，委以军国之事；十年，拜乙豆智为左辅，松屋居为右辅；十五年罢黜沸流部长仇都等三大臣；建武八年（32）"遣使入汉朝贡，光武帝复其王号"。② 上述记事，表明高句丽在不断发动拓边征服战争的同时，其官制建设随之加快并受到中国官制的影响。在高句丽王之下，设置相当于相国或丞相的"辅"。

至第五代慕本王，高句丽仍西进不止，"遣将袭汉北平、渔阳、上谷、太原""辽东太守祭肜以恩信待之，乃复和亲"。③ 此后，高句丽诸王皆有遣使向中国王权朝贡的记录，官制也进一步呈现中国官制的色彩。史载，至第八代高句丽王新大王伯固在位二年，"拜苔夫为国相，加爵为沛者，令知内外兵马，兼领梁貊部落，改左右辅为国相，始于此"。④ 秦汉朝廷的相国或丞相，被高句丽

---

① 《三国史记·高句丽本纪第二·大武神王》。
② 《三国史记·高句丽本纪第二·大武神王》。
③ 《三国史记·高句丽本纪第二·慕本王》。
④ 《三国史记·高句丽本纪第四·新大王》。

王廷改称为国相，居百官之首。

就国王称谓而言，高句丽国王的称谓，自始祖东明圣王开始，基本上采用了汉字语义明确的雅称王号。与中国隔海而居的百济继高句丽之后，大量引进中国文化，接受汉文化的影响。在百济诸王中，自第二十二代文周王的称谓开始，往往采用汉字语义明确的雅称。此前诸王的称谓，则多为"多娄王""己娄王""盖娄王""肖古王"或"久尔辛王""盖卤王"等百济语称号。

有关百济官制，直到南北朝后期的北周，在中国史籍中才出现相对完整的记述。其文曰："王姓夫余氏，号于罗瑕，民呼为鞬吉支"；"官有十六品，左平五人，一品；达率三十人，二品；恩率三品；德率四品；扞率五品；奈率六品，六品已上，冠饰银华。将德七品，紫带；施德八品，皂带；固德九品，赤带；季德十品，青带；对德十一品；文督十二品，皆黄带；武督十三品，佐军十四品；振武十五品；克虞十六品，皆白带。自恩率以下，官无常员，各有部司，分掌众务。"①诸官分为内官和外官两大序列，都城有万家居民，分为上下前后中五部，由二品官达率统领；郡将三人，以四品官德率为之；都城内外民庶及其余小城，由其他诸官分别统辖。②在百济建国初期的国王以下的官制中，既保留了对王的传统称谓"于罗瑕"或"鞬吉支"，也借用了强调平安、恩德等理念，并表现在官制的设置上，特别是"德"的意识突出，四品官以下的官职中，带德字者占其六。官位的高低，以冠帽和

---

① 《三国史记·高句丽本纪第二·大武神王》。

② 《周书·列传·异域·百济》。

冠带的银饰和颜色的不同得以表现。

百济的这种"冠带文化",对日本不无影响。在通过百济接受大陆政治文化的日本,7世纪初圣德太子推行改革,其《冠位十二阶》以大小德、仁、礼、信、义、智等构成十二级官阶,并分别以佩戴紫、青、赤、黄、白、黑六种颜色浓淡不同的官冠相区别。百济官冠对德的强调,在冠位十二阶中得到体现,六色冠带的顺序也大同小异。

百济国对中国文化接触较早,引进内容广泛。史载:百济在保留着"尚骑射"风气的同时,"读书史,能吏事""亦知医药""占相之术,以两手据地为敬。有僧尼,多寺塔。有鼓角、箜篌、筝、

位于忠清南道扶余郡的百济文化园区

竽、簋、笛之乐，投壶、围、樗蒲、握槊、弄珠之戏。行宋元嘉历，以建寅月为岁首"；"婚娶之礼，略同于华，丧制如高丽"；"每以四仲之月，王祭天及五帝之神，立其始祖仇台庙于国城，岁四祭之"。① 与中国的文化交往，是百济迅速富强的重要原因。史载：东明王之后的仇台王立国带方郡故地后，"汉辽东太守公孙度以女妻之，渐以昌盛，为东夷强国"。②

地处朝鲜半岛东南部的新罗，因地理或高句丽、百济的阻隔，与中国王权交往最晚。在法兴王之前的22代国王多用"居西干""尼师今""麻立干"等仅以汉字记其语音的新罗语称谓，嗣后则采用汉字语义优美的雅称，王号的雅称出现较晚。其官制也保留了更多的民族特点，《梁书》所载新罗官制极为简略。其文曰："其俗呼城曰健牟罗，其邑在内曰啄评，在外曰邑勒，亦中国之言郡县也。国有六啄评，五十二邑勒"；"其官名，有子贲旱支、齐旱支、谒旱支、壹告支、奇贝旱支"；"无文字，刻木为信，语言待百济而后通焉"。③ 《隋书》对新罗官制的记载明显

新罗宝石金饰宝剑，载于《朝鲜半岛美术》，中国人民大学出版社，2010 年版

① 《隋书·列传·东夷·百济》。
② 《隋书·列传·东夷·百济》。
③ 《梁书·列传·诸夷·新罗》。

增多，曰："其官有十七等，其一曰伊罚干，贵如相国；次伊尺干，次迎干，次破弥干，次大阿尺干，次阿尺干，次乙吉干，次沙咄干，次及伏干、次大奈摩干、次奈摩，次大舍，次小舍，次吉土，次大乌，次小乌，次造位。外有郡县，其文字、甲兵同于中国"；"风俗、刑政、略与高丽、百济同"；"其五谷、果菜、鸟兽、物产，略与中国同。"①

《三国史记·新罗本纪》也记载第三代新罗王儒里尼师今在位时，改六部之名，并"设官，有十七等"，即伊伐飡、伊尺飡、波珍飡、大阿飡、阿飡、一吉飡、沙飡、级伐飡、大奈麻、奈麻、大舍、小舍、吉士、大乌、小乌、造位等。② 王名"尼

位于韩国庆尚北道的新罗佛国寺

师今"为新罗方言，据新罗金大问考释，"尼师今，方言也，谓齿理"；又说第二代国王南海次次雄临终嘱托"汝朴昔二姓，以年长而嗣位焉"；"其后，金姓亦兴，三姓以齿长相嗣，故成尼师今"。③ "齿理"，强调长幼之序，"尼师今"即长辈即位之王。

---

① 《隋书·列传·东夷·新罗》。
② 《三国史记·新罗本纪·儒里尼师今》。
③ 《三国史记·新罗本纪·儒里尼师今》。

高句丽、百济和新罗三国在竞争的发展中，新罗之所以后来居上的重要原因之一，是新罗君臣在最短的时间内，成功地引进中国的先进文化。姚思廉所著的《梁书》和魏征等所著的《隋书》的纪传，几乎同时在贞观十年（636）撰成。在记述南朝萧梁（503年开国）史事的《梁书》中，新罗尚处于"无文字，刻木为信"的落后状态，至589年隋文帝统一中国，不足百余年间，居然实现了"文字、甲兵同于中国"的历史性飞跃。掌握了汉字，就掌握了引进先进文化最便捷的工具；拥有强大的军事力量，意味着拥有了割地自强乃至统一半岛的手段。《隋书》的撰述者在不经意间道出了三国竞争，何以新罗成就霸业的原因——文化和军事的飞速发展。

除官制文化传入之外，东汉魏晋南北朝时期中国与朝鲜文化交流的一件盛事，是儒学进入高句丽、百济和新罗的政治生活。史载：第三代高句丽王大武神王十一年（28），汉辽东太守率兵来伐，王问战守之策，右辅松屋居进言，"臣闻恃德者昌，恃力者亡。今中国荒俭，贼盗蜂起，而兵出无名，此非君臣定策"，力主据城抗击。[1] 其中，德昌力亡的理念，来自《论语》。中国圣人的治国之道，竟成了坚持抵抗汉军的精神武器。可见，至少在东汉建武四年（59），儒学的治国之道已成为建国不久的高句丽君臣政治实践的理念。据此可知，儒学传入的时间，当在此之前。具体年代，应在推崇儒学的汉武帝置汉四郡时期。进入魏晋南北朝时期，儒学教育机构在高句丽建立起来。小兽林王二年（372），

①　《三国史记·高句丽本纪第二·大武神王》。

高句丽即仿效中国的太学制度，"立大学，教育子弟"。①众所周知，在大学中的通用典籍，当为《诗经》《尚书》《周易》《礼记》《春秋》等儒学经典。

在与高句丽连年战争的百济，同样出于自存自强的需要，竭力展开多面外交。在同西晋、东晋通交，获取镇东将军、百济王等封号之后，在南北朝时期，仍然与南朝和北朝国家交往，求取封号。在争取中国王权多方外交援助的同时，也与日本保持越来越密切的关系。367年，百济近肖古王遣使赴倭国，赠送七支刀、七子镜等礼物，以示友好。日本应神天皇十五年（284），百济阿莘王派遣阿直歧出使倭国，并向倭王推荐了儒者王仁。②倭王迅即特遣使迎回王仁，拜为太子菟道稚郎子的儒学师父。王仁带来的儒学诸典籍，遂先于佛教传入日本。

儒学进入新罗的具体时间不得而知。但在新罗建国之初的政治生活中，儒学的礼、德、仁等信条，就出现在内政外交的实践中。在始祖朴赫居世在位期间（前57—前4），筑京都金城，国号徐那伐，王号居西干，并以德治闻名于周边。朴赫居世在位八年，"倭人行兵，欲犯边，闻始祖有神德，乃还"；三十年，"乐浪人将兵来侵，见边人夜户不扃，露集被野，相谓曰：此方民不相盗，可谓有道之国，吾侪潜师而袭之，无异于盗，得不愧乎？乃引还"；三十八年遣使马韩，使者自谓"我国自二圣肇兴，人事修，天时和，仓庾充实，人民敬让，自辰韩遗民，以至卞韩、乐浪倭人，无不畏怀"；

---

① 《三国史记·高句丽本纪第六·小兽林王》。
② 《日本书纪》应神天皇十五年八月条。

三十九年马韩王薨，居西干以为"幸人之灾，不仁也"，拒不出兵攻击马韩；五十三年，东沃沮"闻南韩有圣人出"，遣使来享。^①种种记事，将新罗刻画为盛行儒学道德信条的君子之国。

至第19代王讷祇，王号改称麻立干，用至第22代王智证麻立干。智证在位四年（503），"群臣上言：'始祖创业以来，国名未定，或称斯卢，或言新罗。臣等以为，新者，德业日新；罗者，网罗四方之义，则其为国号宜矣。又观自古有国家者，皆称帝称王。自我始祖立国，至今二十二世，但称方言未正尊号。今群臣一意，谨上号新罗国王。'王允之。"^②上述记事，表明儒学的尊贵、日新、君德、纳贤等理念，已深入新罗君臣治国的意识之中。514年智证王薨，其子金原宗即位，称法兴王。此后，国号曰新罗，君主称王也成为定例。至真兴王即位（540）儒学的浸润，扩展到国史的编纂。真兴王六年，"伊飡异斯夫奏曰：'国史者，记君臣之善恶，示褒贬于万代，不有修撰，后代何观？'王深然之，命大阿飡居柒夫等广集文士，俾之修撰。"^③国史编纂采用儒家劝善惩恶的史观，儒学愈加伴随着新罗国家的成长。

魏晋南北朝时期，作为中国与朝鲜文化交流的另一件盛事，是两汉交替之际传入中国的佛教先后传入高句丽、百济和新罗。据《三国史记》载，佛教传入高句丽在第17代国王小兽林王即位的第二年（372）："二年夏六月，秦王苻坚遣使及浮屠顺道

---

① 《三国史记·新罗本纪第一·始祖赫居世居西干》。
② 《三国史记·新罗本纪第四·智证麻立干》。
③ 《三国史记·新罗本纪第四·真兴王》。

送佛像、经文。王遣使回谢,以贡方物";"四年,僧阿道来"。①
《三国遗事》略载曰:"前秦苻坚遣使记僧顺道,送佛像经文。又
四年甲戌,阿道来自晋,明年乙亥二月,创肖门寺以置顺道,又
创伊弗兰寺以置阿道,此高丽佛法之始。"② 由于高句丽与北方民
族国家接壤,在三国之中,佛教自然最早传入高句丽。高句丽王
权对佛教的传入持欢迎的态度,第 18 代国王故国壤王九年(391)
三月,"下教崇信佛法求福",佛教进一步发展。至第 19 代国王
广开土王即位的第二年(392),"创九寺于平壤"。③ 佛教传入
高句丽时期,正值丽济战争激烈展开的年代。此外,高句丽还与
后燕、北燕、契丹等北方民族国家乃至日本进行着争夺辽东和朝
鲜半岛支配权的拉锯战。在这种情况下,高句丽与前秦王权密切
关系,以远交近攻策略赢得主动的军政战略需要,这成为高句丽
王权如此热情接纳远道而来的佛教的巨大动力。

据《三国遗事》载:"百济本纪云:第十五枕流王即位甲申(东
晋孝武帝太元九年)胡僧摩罗难陀至自晋,迎置宫中礼敬。明年
乙酉。创佛寺于新都汉山州,度僧十人,此百济佛法之始也。"④
枕流王即位在 384 年,即东晋孝武帝太元九年。至第 26 代国王圣
明王(523—554)时,遣使将佛教引入日本。

据《日本书纪》载:钦明天皇十三年(552)冬十月,百济圣
明王遣使"献释迦佛金铜像一躯、幡盖若干、经论若干卷",并

---

① 《三国史记·高句丽本纪第六·小兽林王》。
② 《三国遗事·顺道肇丽》。
③ 《三国史记·高句丽本纪第六·故国壤王·广开土王》。
④ 《三国遗事·难陀辟济》。

在表文中盛赞佛法"于诸法中最为殊胜，难解难入，周公孔子尚不能知""能生无量无边福德果报"。钦明"天皇闻已，喜欢踊跃。诏使者云：朕从昔来，未曾得闻如是微妙之法，然朕不自决"。①经过一番争论，钦明命宿祢大臣苏我稻目迎入并兴隆佛教。与《日本书纪》同时代成书的《上宫圣德法王帝说》《元兴寺伽蓝缘起并流记资财账》等，皆记载钦明七年戊午十月、十二月百济圣明王遣使送来的佛像、佛器和佛经。虽然钦明朝并无戊午年，上述两著在传入的年代上记载有误，《三国史记》的百济圣王朝记事，并无遣使倭国的内容。但综合以上诸说，佛教来自百济，传入时间为 6 世纪前半期等说法，足资凭信。

终圣王一朝，战乱连年。即位第一年，就与北方强邻高句丽在浿水激战；七年再战五谷之原，战死者逾二千，被迫向南收缩；十六年春，"移都于泗沘，国号南夫余"，以避高句丽南下攻击的锋芒；十八年、二十六年的丽济战争依然不利。继而，百济又因争夺领土而与新罗交恶，三十一年圣王被迫嫁王女于新罗；三十二年，"王欲袭新罗，亲率步骑五十，夜至狗川，新罗伏兵发与战，为乱兵所害"。②连年战争消耗了百济的国力，在高句丽、新罗夹击下的百济圣王 4 次使梁，求取封号，并请涅槃等经义毛诗博士，以及工匠、画师等。同时，圣王也加强与倭国的关系，并充分利用佛教的外交功效。另外，圣王时高僧谦益矢志求法，不顾海上风浪之险，远赴中天竺学梵五载。至归，百济王郊迎之，

---

① 《日本书纪》钦明天皇十三年冬十月条。
② 《三国史记·百济本纪第四·圣王》

安置在兴轮寺中，并召名僧28人协助谦益译律部经书72卷，足见百济君臣对佛教的热忱之甚。正是由于百济佛教兴盛，因此在第27代国王威德王时，至少4次遣使输出佛教，将戒律、观音信仰带到日本，继续发挥佛教传播桥梁的重要作用。

在新罗，据《三国史记》载："初讷祇王时，沙门墨胡子自高句丽至一善郡，郡人毛礼于家中作窟室安置。于时，梁使赐衣着香物，群臣不知其香名与其使用，遣人赍香遍问。墨胡子见之，称其名目曰：此焚之则香气芬馥，所以达诚于神圣。所谓神圣，未有过于三宝：一曰佛陀，二曰达摩，三曰僧伽。若烧此发愿，必有灵验。"①《三国遗事》记载："又至二十一毗处王时，有我道和尚与侍者三人亦来毛礼家。仪表似墨胡子，住数年，无疾而终。其侍者三人留住，讲读经律。"②讷祇王在位时间是417—458年，其间为东晋末代皇帝恭帝司马德文以及刘宋少帝刘义符、文帝刘义隆当朝期间。502年武帝萧衍废南齐和帝萧宝融而建立梁朝，已是在讷祇王之后近半个世纪了，因此，《三国史记》和《三国遗事》中的"梁遣使"当为"宋遣使"。墨胡子何时自高句丽来新罗，语焉不详。但至少可以肯定的是：墨胡子的身份是僧侣沙门，谙熟佛教礼仪；虽暂居民间，但一旦有机会接触王权，则立即宣扬佛教三宝；佛教在东北亚流传，历来有官传和民传两种途径，墨胡子来新罗之初，当为后者。

在新罗，王权对佛教的态度，至关重要。讷祇王时的墨胡子

---

① 《三国史记·新罗本纪第四·法兴王》。
② 《三国遗事·阿道基罗》。

和毗处王时的阿道（我道）虽将佛教带入新罗，并往往有信奉者，但由于缺乏王权的强有力关注和倡导，难以形成气候，甚至出现讷祇王近臣异此顿因在国内弘扬佛法而被杀的惨剧。直到半个多世纪后，至514年第23代国王法兴王金元宗即位，在王权的介入下，佛教才在新罗兴旺发展。法兴王五年，建成兴轮寺，"许人出家为僧尼奉佛"；十年，"梁遣使与入学僧觉德，送佛舍利。王使百官奉迎兴轮寺前路"；十四年，动工修建皇龙寺，历时13年建成了在当时以木塔、佛殿的雄伟壮丽著称的大寺院；二十六年，"陈遣使刘思与僧明观来聘，送释氏经论千七百余卷"；三十七年，王薨。史称法兴王"一心向佛，至末年祝发，被僧衣，自号法云，以终其身。王妃亦效之为尼，住永兴寺"。[①] 至其侄深麦夫真兴王（540—576）、真兴王之子舍轮（金轮）真智王（576—579）诸朝，佛事兴隆，佛教在新罗逐渐成为精神生活的主流。

真兴王时，王权接纳外国高僧入境传道与派遣本国高僧外出求法的双管齐下方针，弘扬佛法制度化，使得新罗的佛教繁荣发展，竟至后来居上。真兴王十年（551），高句丽高僧慧亮来到新罗，被封为僧统，并由此形成僧官制度。在慧亮的运营下，新罗君臣通过举办百座讲会和八关会，系统地接受佛法戒律。八关即八戒，包括"不杀生、不偷盗、不淫泆、不妄语、不坐高大床、不着香华、不自乐视听。关者闭也，谓禁闭八罪不犯也"。[②] 真兴王时，盛行在歌乐群游中选拔贵族子弟中的有德者为国家之用的花郎道（也

---

① 《三国史记·新罗本纪·法兴王》。
② 《东史纲目》。

称风月道）。自赴陈求法 11 年的高僧圆光法师归国后，新罗君臣对其"仰若圣人"。在圆光大法师的训导下，将"事君以忠""事亲以孝""交友有信""临战无退"和"杀生有择"五条新训诫纳入花郎道，并嘱以如同佛教有菩萨戒，花郎也当尊奉上述"世俗五戒"，[①] 使花郎道成为德目明确、提升新罗贵族子弟的素质和增强王权骨干力量的行为准则。

新罗王权自法兴王以来弘扬佛法的原因，可以从两方面得到解释：其一，外部原因在于罗丽、罗济战争经常爆发，新罗急欲得到南朝的外交支持，弘扬佛法是密切双方关系的有效通道。在佛教畅行的东北亚，新罗在各国竞相倡导的佛教舞台取得一席之地，有利于扩展与南朝交往的分量。其二，在法兴王之前的智证王（500—514）时代，新罗王权就开始了从多方面强化自身的改革。为增强王权的权威，智证王三年下令禁止殉葬；并令各州郡主劝奖农桑，开始推广牛耕；四年，确定国号为新罗；又废止方言式的王名称谓，一律改称国王，以正尊号；五年，制定并颁发丧服法；六年，置悉直州，突出中央集权，等等。[②] 在历史上的任何一次改革中，观念更新历来是扩大制度改革成果的保障。弘扬佛法与强化王权之间的互补性，自然成为继智证王之后即位的法兴王将振兴佛教上升到国家政策的高度，以佛法为强化王权的精神武器，取代新罗传统观念的新彼岸。据《黄草岭真兴王巡狩碑》载，继续推行国家佛教政策的真兴王二十九年（568）巡游国内时，"沙

---

① 《三国遗事·圆光西学》。
② 《三国史记·新罗本纪第四·智证王麻立干》。

门道人法藏、慧忍"等伴驾随行，参与国事。①

　　进入唐代，三国与唐朝的文化关系明显突出于此前其他时代。这是由于：其一，唐朝前期的经济发展、典章制度的完备和国内人文环境的相对宽松，为唐文化的繁荣提供了必要的动力和条件。诗歌词赋、传奇小说、绘画雕塑、史学书法、音乐舞蹈、天文历法、城廓市局、佛寺建筑、雕版印刷等各文化领域，竞相发展，推陈出新；一代文豪、诗坛名家、丹青书法高手，争奇斗艳，光彩照人。在各个文化领域，盛唐文化整体水平的高超，形成可资输出的优势。其二，唐朝周边国家也进入完善国家制度，开展大规模文化建设的高潮时期。新罗"吏读"文字和日本"万叶假名"文字的创造，是其明显的例证。文化建设愈急而愈加需要先进文化的导入。盛唐与周边国家同时出现的两个文化建设高潮互联互动，形成文化关系中空前密切化的推动力。其三，文化关系历来具备的特殊功能，即修补政治关系、促进相互理解并减缓对立摩擦等润滑、磨合作用，也是唐代国际体系中文化关系飞跃发展的原因之一。

　　据《三国史记》载，高句丽荣留王时代，虽唐丽政治关系渐趋紧张，但文化关系始终良好。荣留王七年（624）春二月，"王遣使如唐，请班历"。高祖册封其为上柱国、辽东郡公、高句丽国王，"命道士以天尊像及道法，住为之讲老子，王及国人听之。冬十二月，遣使入唐朝贺"。② 政治关系与文化关系并行不悖，相互促进。"八年，王遣人入唐，求学佛老教法"，高祖爽快地予

① 《黄草岭真兴王巡狩碑》。
② 《三国史记·高句丽本纪第八·荣留王》。

以答应。①"二十三年春二月，遣世子桓权入唐朝贡，太宗劳慰，赐赉之特厚。王遣子弟入唐，请入国学。"②即使是对唐持强硬立场的盖苏文，也注意发展唐丽文化关系，宝藏王二年（643）三月，"苏文告王曰：'三教譬如鼎足，阙一不可。今佛释并兴而道教未盛，非所谓备天下之道求者也。伏请遣使于唐，求道教以示国人。'大王深然之，奉表陈请。太宗遣道士叔达等八人，兼赐老子《道德经》。王喜，取僧寺馆之"。③

唐丽文化交往具有一定的互补性，唐廷"凡大宴会，则设十部伎于庭"，其第五伎即为"高丽伎"。④《三国史记》对高句丽乐的说明是，"乐工人紫罗帽，饰以鸟羽，黄大袖，紫罗带，大口袴，赤皮靴，五色缁绳。舞者四人，椎髻于后，以绛抹额，饰以金铛。二人黄裙襦，赤黄绔；二人赤黄裙，襦绔。极长其袖，乌皮靴，双双并立而舞"；伴奏的乐器有筝、箜篌、琵琶、五弦琴、笙、笛、箫、腰鼓、齐鼓等，乐曲在武周时辑有 25 曲。⑤高句丽的医书《老师方》、高丽参等也受到唐人的重视与喜爱。

百济在魏晋南北朝时期大量吸收汉字、儒学、佛教职工的基础上，对唐文化情有独钟。如《旧唐书》载其"岁时优腊，同于中国"。其书籍有《五经》子、史，又表疏并依中华之法。百济大倡儒学，660 年兵败被俘的亡国之君义慈王"事亲以孝行闻，友

---

① 《三国史记·高句丽本纪第八·荣留王》。
② 《三国史记·高句丽本纪第八·荣留王》。
③ 《三国史记·高句丽本纪·宝藏王》。
④ 《大唐六典·太常寺》。
⑤ 《三国史记·杂志第一》。

于兄弟，时人号'海东曾闵'"。①与此同时，百济文化也为唐文化注入活力。百济乐舞盛行唐廷："舞二人，紫大袖裙襦，章甫冠，皮履"：乐器则有筝、笛、箜篌、鼓角等，伴奏舞蹈。②

唐帝国的盟友新罗注重全面发展唐罗关系。官制上，仿唐中书省设执事省，下辖兵、礼、仓等六部，地方上推行州、郡、县制；经济制度也仿唐均田制而实施丁田制、租庸调法和户籍制；教育体制仿唐设国学，讲授中草药经史儒学，及至仿唐科举制设读书出身科，以学业成绩授官；在诗歌散文、传奇小说、天文历法、阴阳术数、医学、雕刻建筑、器物制作等方面，也深受唐文化影响。

唐罗政治关系的密切与顺畅，有利于文化交流的全面展开。在治国人才的培养上，神文王二年（682）"立国学，置卿一人"。③继其后，孝昭、圣德王继续弘扬以儒学为本的国学。开元二十五年（737）圣德王薨，翌年唐玄宗得知，"悼惜久之"，特派左赞善大夫领鸿胪寺少卿衔前往吊唁，玄宗君臣咸赋诗以送。唐廷之所以做出如此隆重的姿态，是因为在玄宗看来，"新罗号为君子之国，颇知书记，有类中国"，故选派鸿儒为使臣，前往新罗"演经义，使知大国儒教之盛"。④使臣在肩负讲解经义、传播儒学的同时，也将《老子》《道德经》等道家经典带往新罗。至景德王

---

① 《旧唐书·列传·东夷·百济国》。
② 《三国史记·杂志第一》。
③ 《三国史记·新罗本纪·神文王》。
④ 《三国史记·新罗本纪·孝成王》。

在位六年（747），进而扩充国学，"置国学诸业博士、助教"。^①
天宝十四年（755），安史之乱骤发，玄宗避走四川，景德王遣使
溯江入蜀，至成都朝贡。落难中的李隆基大受感动，赞扬"新罗
王岁修朝贡，克践礼乐名义"，特制御诗曰："兴言名义国，岂谓
山河殊。使去传风教，人来习典谟。衣冠知奉礼，忠信识尊儒。
诚矣天其鉴，贤哉德不孤。"^②景德王于十八年（759），对官制
进行调整，国学改称太学，并设太学监。765年其子金乾运即位，
称惠恭王，当年"幸太学，命博士讲《尚书义》"。^③

至元圣王，掌握儒学经典成为进入仕途的科举通道。元圣王
四年（788），规定"读书三品，以出身、读《左氏春秋传》，若
《礼记》、若《文选》而能通其义，兼明《论语》《孝经》者为上；
读《曲礼》《论语》《孝经》者为中；读《曲礼》《孝经》者为下。
若博通五经、三史、诸子百家者，超擢用之。前祇以弓箭选人，
至是改之"。^④儒学经典的掌握程度与骨品制对出身等级的划分，
具有同等作用，遂使出身低微的贵族子弟争先恐后于儒学的研读，
借以博取高官厚禄。新罗在有唐一代，赴唐留学生居各国之首。
据《唐会要》卷三十六所附"学读书"条，唐文宗开成二年（837）
仅在唐国学馆就读的新罗官派留学生即为216名，若加上散在州
府各官学或私塾的私费新罗留学生，总人数居各国留学生之首。^⑤

① 《三国史记·新罗本纪·景德王》。
② 《三国史记·新罗本纪·景德王》。
③ 《三国史记·新罗本纪·惠恭王》。
④ 《三国史记·新罗本纪·元圣王》。
⑤ 《唐会要》卷三六。

赴唐求佛法的新罗僧人为数众多，促进了两国佛教文化交流。由于唐代实行供给衣食、免交 10 年租税徭役等宽待外国侨民政策，新罗侨民大举来唐居住，在山东、江淮、运河地区随之兴建了许多定居点新罗坊。

留学生、学问僧和侨民组成唐罗人员交流的主体，涌现了不少青史留名的杰出人物。其中，15 岁入唐求法的高僧圆测侍从高僧法常等研读佛学经典，后拜玄奘为师，耳提面命，成为佛学渊博的高僧。圆测先后注疏或汉译《成唯识论》《仁王经》《大乘密严经》《大乘显识经》等经典，于中国佛教的发展，可谓功德无量。圆测圆寂后也陪葬于玄奘墓旁，其事迹载入宋代《高僧传》。高宗朝来唐的元晓和义湘或注疏佛经，或建寺授徒，同为新罗华严宗的开山鼻祖；开元年间赴唐九华山苦修佛法的留学僧地藏，主持敕建名刹化成寺，至今仍香火鼎盛。此外，智仁、玄范、慧超等新罗名僧，为弘扬佛法而竭尽全力，在中国与朝鲜佛教文化交流史上，留名于后世。

诸学子竞相赴唐求取功名的动力，固然与新罗朝廷读书三品制不无关系，但唐朝的开放任官方针为新罗年轻人成才提供机会，也是不可缺少的重要条件。两种因素的良性互动，使负笈西渡成为时尚。崔致远 12 岁时被严父送出家门，叮嘱不成才不必还乡。崔致远牢记父命，来唐苦读，18 岁考中进士，授官州溧水尉、殿中侍御史、赐紫金鱼袋。884 年崔致远回国，历任翰林学士、兵部侍郎、武城郡太守等职。晚年隐居伽耶山海印寺，倡导佛教、儒学、文学，留下名著《桂苑笔耕集》等，被尊为新罗文学始祖。其他

崔致远

《桂苑笔耕集》书影（出自清朝潘仕成
《海山仙馆丛书》）

堪称西渡成才的杰出人物，还有以文笔闻名的金云卿、金可纪，书法家金仁问、金生等。

新罗在全面开展的唐罗文化交流过程中，地位突出，发挥了东亚国际交流的重要枢纽作用。新罗侨民张保皋和郑年，善战斗，枪术高超，来唐为武宁军小将。张保皋在山东拥有田产和船队，对来往于日本、朝鲜半岛和山东半岛的各国贸易商和求法僧侣提供便利。838 年日本天台宗高僧圆仁来唐，巡行各名山求法，在其所著的《入唐求法巡礼行记》中，提及张保皋。后来，张保皋归国任清海大使，驻守莞岛，杜绝海上人口劫卖，遂使"海上无鬻新罗人者"，因而愈得新罗王的信任。郑年在唐日久思归，归国后与张保皋平定内乱。张保皋因功拜相，郑年出任清海镇将，继续维护唐罗日三国贸易与海上运输秩序。张保皋和郑年的事迹分别被列入《新唐书·新罗传》和《三国史记·张保皋郑年传》。①

张保皋纪念馆（全罗南道莞岛郡）

① 《新唐书·新罗传》；《三国史记·列传第四》。

高丽时代的文化交流

新罗末期，群雄竞起。891 年，出身新罗王族的金弓裔起兵占地为王。904 年建摩震国，911 年国号改称泰封。弓裔暴虐，大失人心。918 年将军王建在臣僚的拥护下，诛灭弓裔而成高丽开国之君。935 年新罗敬顺王降服，936 年攻灭以甄萱为王的后百济，统一了朝鲜半岛。高丽朝设首都开京和陪都西京平壤，国祚绵延 570 余年。在此期间，中国却经历了五代十国的分裂、宋辽金诸朝三足鼎立、元朝骤兴骤亡等剧烈变化。高丽君臣不得不随时调整对外方略，外交方略的改变对文化交流产生多方面影响。

此外，宋辽金元时期，中国王权不再具备唐代大一统王权政治文化高度发达的优势，而降低了吸引力。自宋代以来，随着周边国家政治文化自生能力的增强，高丽既无需中国王权力量的介入而自主实行朝代更替，也不必向中国遣使讨教并刻意进行制度上的克隆，而是根据本国政治文化的风土，创造出适应本国国情和历史传统的政体、法律，形成有自身特色的政治体制。双方的交流仍在继续，但高丽自主选择性大为增强，双方文化交流的态势和特点，也随之发生变化。

王建在位 26 年，国家制度建设整然有序，立国方针条理分明。943 年他在临终前，口授治国《训要》十条，"以传诸后，庶几朝披夕览，永为龟鉴"。[①]《训要》基本内容包括：（1）弘扬佛教，保护禅教寺院，差遣主持，禁止诸臣与寺院勾结；（2）借鉴"新

---

① 《高丽史·世家第二·太祖二》。

罗之末竞造浮屠，衰损地德"而亡的教训，不可滥造佛寺；（3）"传国以嫡，虽日常礼"，但若嫡子不肖，则传诸次子乃至兄弟，承继大统以举贤为要；（4）对唐风文物礼乐"不必苟同"，对契丹则"慎勿效焉"；（5）西京"为我国地脉之根本，大业万代之地"，每年应"巡驻过百日，以致安宁"；（6）"至愿在于燃灯八关""燃灯所以事佛""八关所以事天灵及五岳名山、大川龙神"；（7）"从谏远谗""使民以时，轻徭薄赋"，以及防止国戚干政弄权、慎授官禄和护恤兵卒、遵奉十戒并"相传为宝"。①

开国之君的十条《训要》，为高丽立国之本。其中，有三条涉及佛教的弘扬、寺院的管理和经义的阐发。高丽立国如此重视佛教，是因为王建颇识佛教镇护国家的诀窍。因此，《训要》的第一条开宗明义"我国家大业必资诸佛护卫之力"，以崇佛而求国家的安定。于是，佛经的求取和印制就成为高丽朝与北宋文化交流中的重要内容。

宋太宗淳化二年（991），高丽王遣使来贡，"求印佛经，诏以《藏经》并《御制秘藏诠》《消遥咏》《莲华心轮》赐之"。②宋真宗天禧三年（1017），高丽使臣复来宋通贡，"求佛经一藏"，真宗"诏赐经"。③高丽文宗三十七年（1083），"命太子迎宋朝《大藏经》，置于开国寺"。④宋神宗元丰八年（1085），高丽宣王"遣其弟僧统来朝，求问佛法并献经像"。史籍中所说的"太子"或"其

---

① 《高丽史·世家第二·太祖二》。
② 《宋史·列传·外国三·高丽》。
③ 《宋史·列传·外国三·高丽》。
④ 《高丽史·世家第九·文宗三》。

弟僧统"，均指文宗第四子王煦，出家后法名
义天，任僧统。义天赴宋期间，受到颇高的礼遇，
巡访名山，求经问法。义天归国时携回佛经典
籍 4740 余卷，并将天台宗引入高丽，为其开山
鼻祖。义天寄宿过的慧因禅院，成为宋丽佛教
交往的名寺，义天赠予《华严经》300 部，建经
阁藏之。[①]佛教经典的求取与交流，构成高丽前
期宋丽文化交流的主要内容。

　　另外一项交流的重要内容，则是儒学。958
年高丽实施科举制度，960 年制定百官公服制，
983 年设置三省六曹和十二牧，987 年在十二牧
中设置经学博士和医学博士等，随着国家制度
建设的逐步推行，儒学的经国安邦实际效用，
越来越受到高丽君臣的重视。因此，在继续佛
教国教化的同时，儒学日益显学化。尤其至第 6
代国王成宗（982—997），在"祀圆丘，耕籍田，
建宗庙，立社稷"而确定国家礼仪制度后，[②]力
倡儒学而为治国枢要。成宗七年，下教谕申明"君
行五教，仁为礼义之先，先宜遵先圣之典谟"。[③]

高丽佛画，藏于旧金山亚洲艺术博物馆

---

① 杨通方：《源远流长的中朝文化交流》，载周一良
主编《中外文化交流史》，河南人民出版社，1987 年版
第 382 页。
② 《高丽史·志第十三·礼一》。
③ 《高丽史·志第十三·礼一》。

九年，再下教谕论说以孝道为先的治国之道，"凡理国家，必先务本。务本莫过于孝。三皇五帝之本务而万世之纪，百善之主也"；倡导"取则《六经》，依归三礼，庶使一邦之俗，咸归五孝之门"，并遣使颁布于全国，令臣民一体奉行。①

成宗之所以尊儒，是因为儒学倡导忠孝一体，"先能为孝子于家门，必作忠臣于邦国"。②特别是贵族官僚的争权夺利，已威胁到王权的稳定时，愈加需要强调统治秩序。故成宗力主"自家而国，移孝为忠。遵君臣父子之道"。③同年，"益以崇儒"的成宗说"欲收四部之经典，以畜两京之府""使秦韩之旧俗，知邹鲁之遗风，识父慈子孝之常，习兄友弟恭之懿"。于是，"令所司于西京开置修书院，令诸生抄书史籍而藏之"。④十年，教谕曰："王者化成天下，学校为先。祖述尧舜之风，聿修周孔之道，设邦国宪章之制，辨君臣上下之仪，非任贤儒，岂成轨范！"⑤

成宗崇儒求书，蔚成风气。群臣竞相进献图书，并以能藏诸王家图书馆秘阁为荣。至文宗朝（1047—1083），献书之气愈盛，见诸史载者比比皆是。文宗十二年，州牧一次进呈的图书，就有新雕版印刷的《黄帝八十一难经》《川玉集》《伤寒论》《本草括要》《小儿巢氏病源》《小儿药证病源一十八论》《张仲卿五脏论》99 版等医学书。文宗下诏"置秘阁"，小心收藏。第二年

---

① 《高丽史·志第十三·礼一》。
② 《高丽史·志第十三·礼一》。
③ 《高丽史·志第十三·礼一》。
④ 《高丽史·志第十三·礼一》。
⑤ 《高丽史·志第十三·礼一》。

又有《肘后方》73 版、《疑狱集》11 版、《川玉集》10 版、《隋书》680 版等进献，依旧下诏秘置阁，并予赏赐嘉奖。① 至文宗一代，已收藏《九经》《汉书》《晋书》《唐书》《论语》《孝经》，以及经史子集诸家文集、《医》《卜》《地理》《律》《算》诸书"，② 堪称丰富。图书输入，是宋丽文化交流的一项重要内容。

文宗之后，宣宗"仁贤好文，内行饬备，每贾客市书至，则洁服焚香对之"；元佑元年（1086）宋哲宗即位，高丽使臣来贺，"请市刑法之书、《太平御览》《开宝通礼》《文苑英华》。照惟赐《文苑英华》一书，以名马、锦绮、金帛报其礼"；元祐八年遣使"来献《黄帝针经》""市《册府元龟》以归"。③ 天禧五年（1021）高丽使"表乞《阴阳地理书》《圣惠方》，并赐之"。④ 高丽前期文运的兴盛，促进了制版印刷的活跃发展。1019 年《大藏经》问世，1045 年《礼记正义》《毛诗正义》刊行，1170 年前后首创金属活字印刷技术。

往来于宋丽之间的宋商得知高丽急求图书，往往大量载之东来以谋利。仅在文宗朝，就有赵受、林机、黄文景、箫宗明、徐意、林宁、郭满、黄宗等见诸史籍的贸易宋商和医生江朝东或进献珍宝方物，或医治疾病。图书也是舶来物品中的必备商品，受到文宗君臣的款待。穿行于海上的宋商，为发展两国的文化交流做出了重要贡献。与此同时，居住在鸭绿江流域的女真族，时常向文

---

① 《高丽史·世家·文宗二》。
② 《高丽史·世家·文宗一》。
③ 《宋史·列传·外国三·高丽》。
④ 《宋史·列传·外国三·高丽》。

王进献骏马，丰富了高丽对外交流的内容。

总之，高丽君臣佛儒并重，政治文化日臻成熟，社会的进步显而易见。高丽国内外商贸业活跃，名产品远输海外。高丽青瓷、高丽丝绸、高丽纸、高丽参等受到各国的欢迎，成为展示高丽经济成长的国际知名品牌商品。文化方面，同样无须依赖大陆国家的输入而自行民族化、成熟化。高丽文宗十二年（1058）8月，宋商黄文景来献土物，引发了向往中华文化的文宗建造大船通交北宋的强烈愿望。群臣上奏阻止，理由有二：其一，从国家安全角度出发，认为必须稳定辽丽关系，即"国家结好北朝，边务警急，民乐其生，以此保邦，上策也"；其二，从文化、经贸需求的角度看，"我国文物礼乐，兴行已久，商舶络绎，珍宝日至。其于中国，实无所资"。①

高丽自认为本国文物礼乐"兴行已久"，一方面是新罗以来大量引进大陆文化而快速发展，文化的逐渐成熟促使文化自信增强。另一方面是前期高丽先后受制于辽、金的武力压制，地处海西的宋朝自顾不暇，

高丽青瓷菊花纹杯与托盏，
存于韩国国立中央博物馆

① 《高丽史·世家·文宗二》。

无力援护。在文化心理上，高丽君臣对宋朝仍具亲近感；但从维护国家安全的现实出发，高丽君臣对失掉汉唐御边雄风的宋朝不抱希望，即所谓的"实无所资"。因此，盛唐时期使臣往来频繁，留学生大举西渡的风光不再，仅借助宋商的海船，开展以图书为载体，不乏营利目的的文化交流。

1170 年，郑仲夫等擅政，开始了武臣弄权，操纵国运的高丽朝后期发展阶段。1231 年，蒙古铁骑闯入半岛。至 1273 年，蒙古军剿灭了据守济州岛的抗元三别抄军，完全控制了高丽。元宗之后的高丽诸王，自忠烈王始，皆为表明效忠蒙元皇帝而将"忠"字冠于王号之上，如忠宣王、忠肃王、忠惠王、忠穆王、忠定王等。元朝皇帝自忽必烈将公主忽都鲁揭里迷失下嫁忠烈王王谌以来，嫁公主于高丽诸王以控制高丽君臣，成了元帝的惯例。册封高丽王的称号也因此而增添了新内容。例如，王谌的头衔即为"开府仪同三司，大尉、征东行省中书省左丞相、上柱国、高丽国王"以及"沈阳王"等。[①] 忠宣王王璋的头衔是"太尉、开府仪同三司、征东行省中书省右丞相、上柱国、驸马、高丽国王"等。[②] 此后的高丽诸王，皆以改称蒙古式名字，穿用蒙古王袍为荣耀，并多有长期留居大都而乐不思蜀者。

随着儒学治国理念浸润元朝国家生活，在元丽政治关系中，图书开始成为赠送高丽的贵重礼物。图书给不甚读书的元朝诸帝增添了些许书卷气，也丰富了元丽交往的内容。1286 年高丽儒学

① 《高丽史·世家·忠烈王五》。
② 《高丽史·世家·忠宣王一》。

提举安珦在元大都抄录《朱子全书》并带回国内，朱子学传入高丽。忠肃王元年，元皇太后赐下嫁的公主酒果，元仁宗则将原宋廷秘阁所藏的 4371 册，共计 1700 卷图书赐予忠肃王。[①] 随着高丽活字金属印刷技术的发展，单向的图书交流也出现了逆向输出的新景象；造纸技术的提高，高丽纸作为印制佛教或其他图书的用纸，也大量输入中国，直至朝鲜时代，仍复如此。

朝鲜时代的中国与朝鲜文化交流

从 1392 年李成桂开创朝鲜朝，至 1910 年日本吞并大韩帝国，又一个国祚长达 500 余年的封建王朝出现在朝鲜半岛。这个王朝先后历经明清两朝，遭遇了类似高丽朝的外交艰难选择和文化心理冲突。朝鲜建国初期，与明朝的国家关系顺畅，文化交流全面发展。但在朝鲜建国 200 年后，一系列的国难接踵而至。其中，1592—1598 年的丰臣秀吉侵朝战争给朝鲜朝造成由盛而衰的巨大国难；1627 年（丁卯）和 1636 年（丙子）皇太极两次越江武力征服，切断了朝鲜与明朝绵延 240 余年的宗藩关系，迫其向清朝称臣纳贡。

有明一代，图书交流仍然是双方往来的重要内容。尤其在永乐年间，朱棣多次赠书朝鲜，包括《大明孝慈高皇后传》50 本、历年《大统历》各百本、《通鉴纲目》和《大学衍义》各 1 部、

---

① 《高丽史·世家·忠肃王一》。

《劝善书》百部、《四书》《五经大全》等。[①]特别是在世宗的主持下，于1444年创造成功民族文字谚文《训民正音》的过程中，明朝乐韶凤、宋濂编著的16卷分韵归字《洪武正韵》颇具参考意义。民族文字的创造和普及，对提高朝鲜教育水平发挥了积极作用。

值得注意的是：在朝鲜与明朝的文化交流中，由于两国均经历了元朝统治的非常时期，对复兴中华礼仪另有一番感受。除册封、进贡、朝贺等官方礼仪均遵循周礼传统之外，最能展现两国文化交流品位的诗词唱和，成为双方政治、精神交往的主要形式。实际上，高丽末期遣明使臣在觐见明太祖朱元璋时，已因"皇恩浩荡"不同于前朝，备受感动并歌以咏之。洪武十九年（1386），高丽儒臣郑梦周奉表出使南京，明太祖亲自接见，"教诲切至，因将本国岁贡、金银、马、布一切蠲免"，郑梦周"不

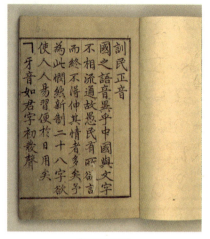

《训民正音》

郑梦周像，存于韩国文化遗产信息中心

---

① 吴晗辑：《朝鲜李朝实录中的中国史料》（一），中华书局，1980年版第229、232、236、290页。

胜感荷圣恩之至"，赋诗记之曰："内人日午忽传宣，走上龙墀向
御筵。圣训近闻天咫尺，宽恩远及海东边。退来不觉流双涕，感
激唯知祝万年。从此三韩蒙帝力，耕田凿井总安眠。"① 梦周归途
路过常州，恰逢除夕，赋诗曰："我从万里辞古国，奉使西来朝紫宸。
奉天门前谒天子，金陵市上醉佳人。汉家礼乐靓新仪，禹贡山川
寻古迹。"② 诗中，对明太祖恩眷的感激之情和明朝重建汉官威仪
的赞美溢于言表。

　　此后又过了 200 余年，朝鲜使臣对明朝的情感依旧。万历十八
年（1590）、二十二年（1594）、二十五年、（1597）、三十九
年（1611），李芝峰 3 次奉使北京。在著《朝天录》《续朝天录》
中，收录了大量诗作，对万历皇帝出兵朝鲜驱逐倭寇的恩德感念
不已："龙飞四十万万历，天子垂衣御宸极。巍功赫业五帝六，冠
带车书四海一。商周礼乐汉文物，鼓舞尧天歌舜日。"③ 时光过去
了 200 多年，但诗中表达的尊周思明感情，与郑梦周并无任何变
化。值得注意的是，奉使北京，还给了朝鲜使臣开阔国际视野的
机会。通过使臣间的诗歌唱和，增强了彼此的感情；双方的笔谈，
则有利于朝鲜使臣对东南亚其他国家山川形势和文物制度的了解。
李芝峰在北京期间，先后结识了越南使臣冯可宽、琉球使臣蔡坚、
暹罗使臣握坤喇奈万低厘等。对冯克宽的"异域同归礼义乡，喜

① 林基中编：《燕行录全集·郑梦周南行诗》，东国大学出版部，2001 年
版第 82～83 页。
② 林基中编：《燕行录全集·郑梦周南行诗》，东国大学出版部，2001 年
版第 104 页。
③ 林基中编：《燕行录全集·芝峰先生集卷之十六·续朝天录》，东国大学
出版部，2001 年版第 244 页。

逢今日共来王"诗作，李芝峰用其韵，回赠以："我居东国子南乡，文轨由来共百王。奉使喜观周礼乐，列班荣厕汉冠裳。"① 在笔谈中，李芝峰就越南的官制风俗、科举考试、黎朝复兴、地理气候等问题，请教越南使臣，也回答了其提出的有关朝鲜的问题。对琉球使臣也有诗歌唱答和笔谈，与暹罗使臣仅笔谈而已。据此，李芝峰整理了有关越南、琉球、暹罗的记录，以备回国后供国王宣祖的垂问。

位于朝鲜开城市的为纪念郑梦周而设的"崧阳书院"

---

① 林基中编：《燕行录全集·芝峰先生集卷之八、之九》，东国大学出版部，2001 年版第 129 页。

　　有明一代，汉文造诣深厚的朝鲜使节不绝于途。因此，记述出使明朝的文集被称为《朝天录》，其中有日记体游记，并大量收录使臣吟咏所见所感的七言、五言绝句的诗歌，一部《朝天录》如同诗歌集。洪武三十年（1397），选派赴明的秀才权近将回国，明太祖朱元璋亲作三首御制诗《鸭绿江》《高丽故京》《使经辽左》等赠之。这固然与"权近看的老实"，到朱元璋的信任有关，也因权近才学出众，擅长诗文而颇得朱元璋赏识。史载："初近入朝，帝赐对，知近有学识，命赋题诗二十四篇。近应制为帝嘉赏，令从仕文渊阁，且赐御制，盖宠之也。"①

　　赴明的朝鲜使臣皆为诗文名士，尤喜赋诗言志，由此不难想象朝鲜使臣何以喜欢以诗歌纪行。成化十七年（1481）遣明使节成虚白归国路经山海关，回忆在北京受到的礼遇接待，赋诗曰："每年当七月，万国庆千秋。独有三韩使，诸蕃最上头。虞周兴礼乐，宇宙属文明，雨露知何报，空怀草木情。"②沿途明朝接待官员驿丞们的款待，使之大受感动："自幸归根叶，谁怜倦鸟还。杏林留古洞，橘井出寒山。秋色浮杯面，春风上客颜。醉乡行十里，不觉过重关。"③

　　与此相对，赴朝鲜颁诏、蠲免、陈慰、致祭等明朝使节也留有大量诗文并汇成《皇华集》，与《朝天录》交相辉映，堪称两

① 吴晗辑：《朝鲜李朝实录中的中国史料》（一），中华书局，1980年版第140～141页。
② 林基中编：《燕行录全集·虚白先生辛丑朝天诗》，东国大学出版部，2001年版第268页。
③ 林基中编：《燕行录全集·虚白先生辛丑朝天诗》，东国大学出版部，2001年版第268页。

国文化交流的双璧。《皇华集》现存 23 卷，记录了景泰元年（1450）至崇祯六年（1633）的明朝使臣吟诵与朝鲜陪同文士应对的诗歌以及辞赋、文论等。明使东来，在完成王命公差之后，滞留的主要活动是与朝鲜文士诗歌唱答。在宣扬两国宗藩关系的同时，也涉及诗词歌赋的创作乃至书法风格等内容，增强了彼此交流的深度和广度。

建文三年（1401）礼部主事陆颙使朝，颁发建文帝的诏书并带来《大统历》、文绮纱罗 40 匹赠送朝鲜第三代国王太宗李芳远，在太平馆受到朝鲜君臣的热情款待。陆颙诗兴大发，赋《怀德音》《谢花》《谢赠衣带》等律诗三首。其诗《怀德音》曰："远唧恩命使朝鲜，独慕名王世代贤。风俗久淳千里地，声华遥达九重天。明时讲学开云阙，清昼崇陪设醴筵。归奏龙颜应有喜，功勋定敕

位于韩国首尔的李芳远陵墓献陵文武石像

史书传。"①这首诗对完成使命充满了喜悦之情,陶然于飘洒着酒香的文化交流。或许因《怀德音》政治色彩过强,陆颙又画《江枫钓叟图》,并题诗曰:"江风木落影萧疏,山带秋容入画图。有客钓鱼人不识,汉家何处觅狂奴?"②同年,明朝通政寺丞章谨等携朝鲜王金印来朝,宣册封诏书。李芳远礼节周备,并应章谨等请,"还宫,制长句四韵二篇,以赠两使臣。使臣惊喜,音玩不已"。③同年,使臣祝孟献来朝,又有索诗之请,李芳远"集文臣作诗,成轴以赠"。④

作为双方政治往来伴生物诗歌的唱答,逐渐发展为对诗文理论的研讨。成化十二年(1476),使臣祁顺赴朝,对吟诗之道做出一番宏论,曰"诗之道大矣!古今异世而诗无间也,中外异域而诗无别也。盖道之著者为文,文之成者为诗。人有不同而同此心,心有不同而同此道,道同则行之言者无往而不同矣"。他称赞"东方礼义之邦"的朝鲜文士"与中国能声诗者殊不相远,等而上之""是固所谓心同道同而形之言者无不同也"。⑤这番宏论,既道出了诗歌创作原则,也点明了两国文人何以能诗文汇编成集的原因。

---

① 林基中编:《燕行录全集·虚白先生辛丑朝天诗》,东国大学出版部,2001 年版第 155 页。

② 林基中编:《燕行录全集·虚白先生辛丑朝天诗》,东国大学出版部,2001 年版第 156 页。

③ 林基中编:《燕行录全集·虚白先生辛丑朝天诗》,东国大学出版部,2001 年版第 159 页。

④ 林基中编:《燕行录全集·虚白先生辛丑朝天诗》,东国大学出版部,2001 年版第 164 页。

⑤ 《皇华集》下,《四库全书存日丛书·集》三〇一,齐鲁书社,2007 年版第 367 ~ 368 页。

　　除使臣来访之外，朝鲜官民因海难漂流来中国的不期而至，也为两国文化交流添写了亮丽的一笔。弘治元年（1488）正月，济州三邑推刷敬差官崔溥（号锦南）在返回全罗道罗州以奔父丧途中，突遇风暴，与同船的 42 人漂流 7 日，至宁波府地界海岛，不幸遇海贼抢劫。再漂流 4 日，至台州府临海县，受到当地官员周到接待。崔溥一行在明朝军民的护送下，经宁波府、绍兴府、杭州府，沿运河北上，过嘉兴府、镇江府、扬州府、济宁州、东昌府、德州、沧州、天津卫，至北京接受礼部馈赠衣物，并参拜皇城。在北京滞留多日，复出山海关，穿越辽东，渡鸭绿江归国。崔溥将其四个半月的奇异经历写成《锦南漂海录》，进呈朝鲜国王成宗，供内廷阅览。83 年后，隆庆五年（1571）由其外孙通政大夫柳希春刻本刊行。崔溥乃饱学之士，精通史著典籍，为人诚实、

崔溥《锦南漂海录》，韩国高丽大学图书馆藏

耿直、勤奋，沿途耳闻目睹，均据实秉笔。北上朝觐和归国途中，崔溥与关注朝鲜诸事的明朝官绅士人多次笔谈，并录入《锦南漂海录》中，为了解当时朝明关系、文化交流和社会风貌提供了翔实的记录。

据此可知，朝鲜"不崇佛法，专尚儒术，家家皆以孝悌忠信为业"；"所读而尊崇者——'四书五经'，衣冠礼乐则——遵华制"；"俗尚礼义，明五伦，重儒术，每春秋行养老宴、乡射礼、饮酒礼，祀典则社稷宗庙，释典诸山川，刑制从大明律，丧制从朱子家礼，冠裳遵华制"；"我朝鲜辟异端，尊儒道，人皆以入孝出恭、忠君信友为职分事耳"。[①] 崔溥认为，"孔子之道大于天地，明于日月，信于四时，达之天下万代而无穷。卿大夫、士、庶人学其道以修其身，诸侯学其道以治其国，天子学其道以平治天下，则自天子以至于庶民，皆当事以先圣先师之礼"。[②] 由于两国传统道德和治国为人理念价值取向的一致性，产生了强韧的精神亲和力，奠定了相互开展深层文化交流的牢靠基础。

儒学，更确切地说，朱子学或曰程朱理学在明朝的中国和朝鲜，均被遵奉为治国济民的官学。高丽末期，朱子学传入朝鲜。至洪武三年（1370），朱子学经典已经成为选拔翻译人才的考试科目。是年司译院提调偰长寿等上书朝鲜太祖李成桂，认为"我国家世事中国，语言文字，不可不习"，建议"每三年一次考

---

① 林基中编：《燕行录全集·锦南漂海录》，东国大学出版部，2001年版第333、355、405页。

② 林基中编：《燕行录全集·锦南漂海录》，东国大学出版部，2001年版第488～498页。

试""习汉语者，以四书《小学》、吏文、汉语皆通者为第一科，
与正七品出身"。① 永乐元年（1403），朱子学已进入朝堂。史载，
太宗李芳远"天性聪明，好学不倦，读书严立课程"，所读之书，
包括《十八史略》《中庸》四书、六经等著；对朱子学的学理也
有了独自的见解：读《中庸》则"先要识其理之全体"，认为《中
庸》《大学》等著"为理学之渊源"。②

　　永乐二年（1404），太宗将曾子、子思升格为先圣配位，塑
像祭祀。为了满足朝鲜君臣研讨朱子学和普及儒学的需要，永乐
二年，朱棣赠送《古今烈女传》110 部。永乐十七年（1419），
朱棣又赠送使臣朝鲜王世子敬宁君《御制序新修性理大全》、《四
书五经大全》等朱子学经典，叮嘱其"平居不可无所用心""宜
自谨慎读书"。③ 随着经典的不断传入并作为官学受到王权的高度
重视，朱子学在朝鲜愈加兴盛发展，涌现了诸如李滉（退溪）、
李珥（栗谷）等诗文超群、学理造诣深厚的性理学大家，为深得
定评的海东著名学者。

　　至朝鲜后期，明清改朝换代对中国与朝鲜双方的文化交流产
生强烈影响。在朝鲜，"朝鲜中华论"应运而生。200 余年间，高
丽末期郑梦周开宗的性理学，经朝鲜前期金宏弼继其孥，其门人
赵光祖力倡道学，李滉阐发义理，李珥著书立说并传诸门人金长生。

---

① 吴晗辑：《朝鲜李朝实录中的中国史料》（一），中华书局，1980 年版
第 129 页。
② 吴晗辑：《朝鲜李朝实录中的中国史料》（一），中华书局，1980 年版
第 193 页。
③ 吴晗辑：《朝鲜李朝实录中的中国史料》（一），中华书局，1980 年版
第 289～290 页。

宋时烈复拜金长生为师,研发学理,并在明清更替之时,"义秉春秋,崇节义,辟邪说",并开业授徒,推出"自东方以来,未有盛者也"的朱子学发展新局面;宋时烈的门徒权尚夏"受其衣书之托,主盟斯道三十余年",[①] 与同门韩元震等将性理学推向朝堂和民间,借助经筵、书院和乡学等各种传播途径,朱子学在朝鲜社会植根牢固,主导了国家生活和社会风气。

总之,经过朱子学200余年的熏陶,朝鲜不仅实现了脱高丽朝蒙古化的以夏变夷的文化转变,而且成为中国之外的朱子学道统阐发中心,其学理水平并不亚于中国。著名性理学家李珥所说"惟我东方,邈在海表,虽若别为一区,而九畴之教,礼乐之俗不让华夏"等语,并非过誉之词。[②] 所以,当后进的满洲贵族征服先进民族的明清改朝换代,在缘自朱子学"外辨华夷之别"文化心理的朝鲜君臣看来,是中国发生华夷之间的嬗变,"夏华"的中国已亡,变成"夷狄"的世界。于是,依然保存了朱子学道统的朝鲜,自然成为延续周礼典仪和冕服文章的"中华"。

与此同时,"北伐论"流行于士林社会。恪守朱子学"内明君臣大义"信条的朝鲜君臣,对因皇太极征服而被迫称臣的屈辱耿耿于怀,对明朝断然出兵平息壬辰倭乱,光复朝鲜八道的再造之恩念念不忘。于是,以"朝鲜中华论"为思想基础,萌生了一雪丁丙之耻与反清复明的"北伐论"。康熙十三年(1673)平南王吴三桂发动反清叛乱,引起朝鲜君臣的激动,但终因国内饥荒

---

① 《南塘集·经筵说》。
② 《栗谷全书·拾遗》卷四。

发生，采取了观望的稳健策略。至康熙二十年（1681）"三藩之乱"平息，"北伐论"者犹大有人在。其代表人物，首推司宪府掌令宋时烈。康熙二十四年（1685），宋时烈上《乙丑封事》于肃宗，以礼义廉耻、君臣大义为据，力倡北伐。他追述"钦惟我太祖高皇帝与我太祖康献大王同时创业，即定君臣之义。字小之恩，忠贞之节，殆三百年不替矣"；慨叹"不幸顷者丑虏肆兇，举国沦陷。堂堂礼义之邦，尽污腥膻"，呼吁"凡有性命之伦，莫不有不共载之义矣"。①

宋时烈画像，藏于韩国国立中央博物馆

基于以上立场，宋时烈预期了北伐的时间表，其认为，"期以五年七年，以至于十年二十年而不懈。视吾力之强弱，观彼势之盛衰。则纵未能提戈问罪，扫清中原，以报我神宗皇帝罔极之恩，犹或有闭关绝约，正名明理，以守吾义之便矣。假使成败利钝，不可逆睹，然吾于君臣父子之间，既已无憾"。建议肃宗："殿下既以雪耻正义为心，则一身不足顾。举天下之物，无足以当吾心者。"对以小国搏大国的北伐

① 《宋子大全·乙丑封事》。

前景，宋时烈充满信心："今日议者，皆以兵力之弱，为不可有为。然高句丽以我国三分之一，摧却隋唐百万之众，且以唐太宗之英雄，困于安市。彼虏不过大羊之桀黠者，岂敢望太宗之万一。况我国炮手是天下精兵，而彼时所未有者乎？今日急务，惟在练兵择将，俯糇粮、严军律而已。"① 由此，"北伐论"鹊起，影响久远。

1726 年（雍正四年）经筵侍讲韩元震轮值，向英祖进讲《宋史》。在评论宋金兴亡往事的过程中，韩元震多次建议兴兵北伐。韩元震认为，"金虏之于宋，乃不共戴天之仇。而桧主和臣事，则在宋臣子，桧又是不共戴天之仇也。然则施全之刺秦桧是义举，而所谓乱臣贼子。人得以诛之者也"。韩元震从"功德者享天下"和"胡无百年之祚"的传统观念出发，对新建立的雍正王朝，语多叱责，并做出预测说："虏之当败，无功而有天下，一也；百年之运已穷，二也；雍正政事悖乱，而兄弟猜嫌，三也。臣且观前代之史，人君一有享国最久者，则继是而立者，例多短祚。康熙享国六十年，前史所无，雍正之不能永年，亦可推知。而雍正毙死之日，即虏败亡之日也。"从国家安全角度出发，韩元震认为，"然虏有沈阳，已过百年。增筑城池，积峙糇粮，以为根本之地。其意盖欲虽失中原，仍据辽左也。中国之师，虽驱虏出关，未必并举辽藩。虏内守旧巢，外据沈阳，休兵养力，其势足以吞噬我国"。两国实力对比过于悬殊，因此，其结论是："惩讨凶逆，大定国是之后，可徐议之。"当务之急是："君臣卜下，萃合精神，以济国事焉。"英祖深以为然，曰："古语曰安不忘危，虽无外忧，而自

① 《宋子大全·乙丑封事》。

强之策，不可小缓。"①

在中国，满洲贵族接受了元帝入主中原却因自身儒化迟缓和蒙汉服饰不同，故统治难以持久的教训。入主中原之后，在治国理念和手法上，满人的逐渐汉化、儒化与强制汉人剃发易服的满洲化双管齐下。对朝鲜，则允许其冠服继续沿用明制。两国在文化心理和治国理念上异中有同，使得清代文化交流出现了若干新特点：在尊周敬孔方面，双方渐趋一致，故文化交流得以展开；但在对待明朝的态度上，却是貌合神离或背道而驰。于是，矛盾出现在双方的文化交流过程中。表面上，朝鲜君臣无可奈何地接受清朝宗藩关系，双方的官方交流礼仪如同前朝；背地里，朝鲜君臣既不忘皇太极两次征服的丁丙之辱，也不忘明朝旧恩，从文化心理的优越意识出发，视清朝为"夷狄"之邦。

有清一代，在正式外交场合，朝鲜使用清朝年号。但在国内，却长期沿用明朝崇祯年号，如正宗迁陵碑文记作"崇祯纪元后一百二十五年"，纯宗碑文记作"崇祯纪元后一百六十三年"、宪宗碑文记作"崇祯纪元后二百年"、哲宗碑文记作"崇祯二百四年"等。② 诸王陵碑刻采用崇祯纪年，见证了朝鲜君臣思明厌清心理始终存在。于是，朝鲜使臣赴北京的游记不再称《朝天录》，而以《燕行录》取而代之。尤其在 1627 年后金兵征服朝鲜前后，在朝鲜君臣的内部奏议中，相对于称呼明朝为"天朝""皇朝"，称后金

---

① 《南塘集·经筵说》。
② 吴晗辑：《朝鲜李朝实录中的中国史料》（一二），中华书局，1980 年版第 5032、5163、5158、5170 页。

为"伊贼""小丑""狂虏";称明朝军队为"天兵""天将",后金官兵被称为"贼骑""鞑兵""奴兵";相对于称呼明朝使臣为"天使""大人",后金的使臣成了"胡官""鞑使""匪类",等等。[①]即使清军入关,清帝入主中原,朝鲜君臣仍对顺治、康熙、雍正诸帝以胡虏视之。尤其是顺治朝的使臣日记,多以《燕京录》《燕山录》《燕行录》称之,其中,诗作较《朝天录》大为减少,反映的一派肃杀的景象和消沉冷峻的情绪。直到乾隆朝,对清朝的认同逐渐变化。此后,大陆文化的输入由冷变热,但也仅仅作为朝鲜民族文化发展的一种补充。朝鲜君臣的文化自主自立趋势越来越强烈,文化交流的选择性随之明显化。

在朝鲜朝从前期向后期的转折时期,实学兴起。李芝峰、李瀷、柳馨远、柳寿垣、安鼎福、申景睿、丁若镛等实学家摒弃朱子学的空谈虚论,坐而论道的浮夸风气,或力主利用厚生,实行改革;或主张工商富国,消除储婢、两班、科举、僧侣、浪费、怠惰等"六蠹";或著述民族史学,发展民族文字并热心研究民族习俗等,开创了关注国计民生,创经世致用、实事求是的新风气。实学所焕发的求实风气,至 18 世纪后期,催化了力倡北学中国的北学。一代名学者洪大容、朴齐家、朴趾源等,均有出使北京的经历,耳闻目睹了乾隆朝中国的繁荣和强盛,因而呼吁放弃脱离实际的"北伐论",淡化自我满足的"朝鲜中华论",以平和的心态,北学清代的中国。至此,清韩的文化交流进入新时期。其中,尤以北学集大成者朴齐家最为典型。

① 《朝鲜朝实录·仁祖大王实录》二。

1778 年（正祖二年，即乾隆四十三年），朴齐家随谢恩使蔡济恭来北京。停留数月期间，广结文缘，考察文物制度和风土人情。朴齐家与礼部尚书纪昀以及礼部侍郎铁保、翰林洪亮吉、御使潘庭筠、通政李调元、侍郎翁方纲、罗聘、待诏蒋和拙、舍人孙衡、诗画名士吴照等著名学者交往，并多有诗文唱答。例如，朴齐家致纪昀诗云："纪公三达尊，乙巳千叟一。奚取于我哉，年年寄文笔"；致铁保等诗："盛典迎藩国，铁卿来客星。不知东海眼，到底为谁青"；致蒋和拙诗："小蒋才无敌，闲居供奉班。御诗传书意，风竹满人间"；致孙衡诗："舍人醉雅姿，都无相门气。知我叩盆情，缄诗万里慰"；等等。[1] 朴齐家北京之行，不仅结识了文人名士，更通过自身的切实感受，对中国传统文化精髓的犹存慨叹不已，他说："益闻其所不闻，叹其古俗犹存而前人不余欺也。"[2] 回国后，朴家齐参与编辑王室图书《日省录》，受到重用。此后，朴齐家又三次访问北京，对现时中

朴齐家画像

---

① 《贞蕤诗集》卷四。
② 《贞蕤集·北学议序》。

国的文化认识不断接近真实。有感于时务，朴齐家在其著作《北学议》，力倡学习中国。

为此，朴齐家著文《漫笔》批驳"朝鲜中华论"说："今人正以一胡字抹杀天下"，若说"中国之学问有如退溪（李滉）者，文章有如简易（崔岦）者，名笔有胜于韩濩者，必怫然变色，直曰'岂有是理'！"更有甚者，世人对所谓"满洲之人，其语声如犬吠也，其饮食臭不可近也，蒸蛇于甑而啖之也，皇帝之妹淫奔驿卒，往往有贾南风之事也"等传言，"必大喜传说之不暇"；朴齐家指出以上流传不过是"谎言"，肯定地说："余曾目击而来，举无此事！"[①]在《诗学论》中，朴齐家批评朝鲜学人视野之狭隘说："我邦之诗，学宋、金、元、明者为上，学唐者次之，学杜者最下。所学弥高，其才弥下者，何也？学杜者，知有杜而已，其他则不观而先辱之，故术益拙也"；认为"尽废天下之诗而胶守少陵数十篇之句字，以自陷于固陋之科者耶"；结论是："夫君子立言，贵乎识时。"[②]

在《尊周论》，朴齐家批判"北伐论"说："我国臣事明朝二百余年，及夫壬辰之乱，社稷播迁，神宗皇帝动天下之兵，驱倭奴而出之境，东民之一毛一发，罔非再造之恩。不幸而天地崩邀坼之时，薙天下之发而尽胡服焉，则士大夫之为春秋攘之论者，磊落相望。至今犹有存者，可谓盛矣。"但是，"清出于既有天下百余年，其子女玉帛之所出，宫室舟车耕种之法，崔卢王谢士

① 《贞蕤文集》卷一（跋）。
② 《贞蕤文集》卷一（论）。

大夫之氏族，自在也。冒其人而夷之，并其法而弃之，则大不可也"。出于对清朝国势强盛现实的冷静承认，更出于实学者厚生利用、经世济民的一贯立场，朴齐家强调："苟利于民，虽其法之虽出于夷，圣人将取之，而况中国之故哉！"朴齐家进而引述古例，曰："昔赵武灵王卒变胡服，大破东胡。古之英雄，有必报之志，则胡服而不耻。今也以中国之法而曰可学也。"强调若继续因循"大义"而无视现实，"吾恐中国之夷未暇攘，而东国之夷未尽变也"。面对其势嚣嚣的"北伐论"，朴齐家呼吁："故今之人欲攘夷也，莫如先知夷之为谁；欲尊中国也，莫如尽行其法之为逾尊也。若夫为前明复仇雪耻之事，力学中国二十年后，共议之未晚也。"①

朴齐家所说的北学，在《北学议内编》中，主要表现为清朝较朝鲜先进的技艺。其中包括运送物品的各类乘车、载车、独轮车，借以改变朝鲜无车的现状；还有远程大船、坚实的城垣、烧制的砖、砖瓦房、道路、桥梁、畜牧、市肆、商贾、货币、演剧、汉语、中西药、印泥、塘报、纸张、弓箭、铳矢、文房用具、耕田法、肥料、桑果、农具、水车、科举、吏治等，几乎涉及治国经邦的方方面面。②1790年、1801年，检书官柳得恭等来北京，在琉璃厂书肆搜购图书，曾经是朴齐家座上客的纪昀、罗聘等才华横溢的名士，也成为学识出众的柳得恭的朋友。两国文士之间的文化交流，在鸦片战争爆发前夕，仍旧沿袭着传统方式。

明清之间，在上层雅文化交流持续不断的同时，通俗易懂的

---

① 《贞蕤集·北学辨外编·尊周论》。
② 《贞蕤集·北学议内编》。

俗文化交流也在发展。其中，尤其以高丽朝传入的《太平广记》为启迪，明代《剪灯新话》《西游记》《三国演义》《今古奇观》等小说传入朝鲜，受到人们的喜爱。尤其是《三国演义》，既有宫廷译本和民间译本的韩文全译本，也有被改编为《赵子龙传》《赤壁大战》《华容道实记》等的节译单行本，刘关张的兄弟结义、赵云的英勇善战、诸葛亮的谋略机智，也如同在中国一样地被人们所津津乐道。诸如《今古奇观》《警世通言》《警世恒言》等市民小说，也多被选取其中的篇章，加以改写，流行于庶民社会。朝鲜朝的《春香传》等小说，在中国也受到了欢迎。

欧美列强殖民征服的浪潮即将席卷东北亚，日本即将被第二次激活，绵延数千年的中国与朝鲜的文化交流，临近巨变的前夜。

第三章
近代中国与朝鲜、
韩国文化交流

《马关条约》订立之前的文化交流

1840—1895 年，为中国与朝鲜在宗藩关系框架下的传统文化交流发生变异，乃至最终结束时期。其间，1840 年第一次鸦片战争爆发，1853 年美国舰队闯进江户湾，1856 年英法联合发动第二次鸦片战争，1866 年、1871 年法国和美国舰队先后攻击江华岛，经过工业革命的欧美列强展开对东北亚三国的殖民征服。列强通过与中国、日本订立门户开放的不平等条约，完成了资本主义世界市场的组建。东北亚国家面临旷古未曾有的大变局，进入不断分化和沉浮的近代时期。

1840 年 3 月第一次鸦片战争爆发前夕，自北京回国的书状官李正履向宪宗奏告了旅华见闻。其中，谈到洋舶"以奇邪巧之物蛊民害财"，中国"银货之流入西洋者，每年不下百万两，而一往而不复"；谈到禁教，"天主堂一并毁撤，洋人亦为逐送"；谈到英国贸易商"习中国文字，效中国衣服，其火器尤为巧毒"；谈到"西洋人入中国者，播传邪教，陷溺人心，挟带鸦片，戕害身命"，因此"皇帝震怒,屡下谕旨,严加禁断"等。[①] 战争期间,前往北京的冬至谢恩等使节和朝鲜君臣祭祀大报坛的礼仪无异于平日。《南京条约》签订后,如同清朝君臣以为天下复定,朝鲜君臣也不再关注鸦片之役。倒是日本幕府反应强烈,在1841—1843年推行以强化国防为中心的天保改革。

1856年第二次鸦片战争爆发,朝鲜君臣的态度发生了变化。1857年10月,哲宗召见赴清的使臣并嘱托"彼地人心年形及贼匪,详细探知。而我国沿路诸处,人心年形,亦为详探以来,可也"。[②] 密切关注中国局势和朝鲜边防。1860年12月,在得知咸丰避入热河后,于翌年正月派遣热河问安使。此后,则多次询问自中国归来的使臣,命其详陈中原时势。咸丰也因在困顿中,朝鲜使臣前来慰问,"以格外恩赏之典观之";清朝臣僚云:朝鲜出使"即列国所无,东国独有之""真是礼义之邦"。[③]1863年正月,发生了购自北京的郑元庆所著的《二十一史约编》对朝鲜朝宗系及开国的记述错误事件。哲宗闻奏,立即派遣陈奏使前往北京交涉。二月,清朝礼部接受了朝鲜陈奏使的抗辩,予以更正,"市厂三十余件,已为改刻。一帙今行购来,昨已呈纳于承政院"。[④]

---

① 吴晗辑:《朝鲜李朝实录中的中国史料》(一二),中华书局,1980年版第5144页。

② 吴晗辑:《朝鲜李朝实录中的中国史料》(一二),中华书局,1980年版第5166页。

③ 吴晗辑:《朝鲜李朝实录中的中国史料》(一二),中华书局,1980年版第5168页。

④ 吴晗辑:《朝鲜李朝实录中的中国史料》(一二),中华书局,1980年版第5169～5170页。

　　1863 年 12 月，哲宗病故，年方 12 岁的李熙即位，是为高宗。其父兴宣大院君李昰应排斥政敌，独掌大权 10 年。其间，推行了以强化王权为目标的改革，主要措施包括：裁减书院以钳制言论；向平民与两班征收户布税以增加国库收入；任官唯能而不问门第和派伐背景；征收结头钱和城门税以集资重建景福宫；重建三军府以巩固海防，等等。

　　大院君主政的 1864—1873 年，正值欧美列强加紧冲击朝鲜半岛的关键时期，1866 年发生了美国"舍门将军号"闯进大同江，法国远征舰队进攻江华岛和 1871 年美国舰队的入侵等"洋扰"事件。在朝鲜军民的顽强抵抗下，美法舰队的远征并未达到迫使朝鲜开港的目的。继而，总理衙门展开外交周旋，使事件不了了之。大院君在抗击 1866 年法国舰队时，认为君臣"所知者礼义也，所恃者众志成城也"，强调"和亲卖国""交易亡国"；1871 年挫败美国舰队后，大院君在全国各地树立斥和碑，上刻"洋夷侵犯，非战则和，主和卖国"字句以警喻臣民。[1] 通过改革增强了国力，这是抗击外侵的物质基础。为加强国防军备力量，参照魏源所著的《海国图志》，研制新式武器，也是一项重要举措。高宗四年（1867）下教谕说："水雷炮制度，虽出于《海国图志》，以我国之不娴军务，今此模做，昨又试放，能破大船，何患外寇！"为此，特予训练大将申观浩以褒奖。[2]

① 《高宗实录》卷三，高宗三年九月十一日条；《高宗实录》卷八，高宗八年四月二十五日条。
② 吴晗辑：《朝鲜李朝实录中的中国史料》（一二），中华书局，1980 年版第 5198 页。

《日清修好条规》，存于日本外务省外交史料档案馆

1868 年日本开始明治维新，内政改革与对外扩张双管齐下，朝鲜半岛成为日本用兵的首选目标。为打破清韩宗藩关系对其扩张的遏制，日本先于 1871 年主动与清朝订立《日清修好条规》，取得与中国同等的"上国"地位而凌驾于朝鲜之上。继而在 1876 年迫使朝鲜订立《日朝修好条规》（《江华岛条约》），故意在第一条规定"朝鲜国自主之邦，保有与日本国平等之权"。[①] 蓄意以近代条约方式，否认清韩宗藩关系。随后心怀叵测地培植亲日的开化派，并在日本政府的策动下，在 1884 年 12 月发动"甲申政变"，宣布废止"朝贡虚礼"。[②] 切断与清朝的宗藩关系。驻朝大臣袁世凯率兵反击，挫败政变，并因此而居功自傲，颐指气使，也招致了朝鲜君臣的不满。

有清以来的 200 余年间，尊周大义和感念明朝恩德之心，本来就在朝鲜君臣中不绝于耳。袁世凯的跋扈，只能加

① 《高宗实录》卷一三，高宗十三年二月二日条。
② 王芸生编著：《六十年来中国与日本》第 1 卷，三联书店，1979 年版第 256 页。

重朝鲜君臣的离心离德。1884 年 8 月，高宗李熙迎回在忠州长湖院已过两年的中宫殿闵妃，派遣问候兼护行使前往中国，慰问在两年前被押解并软禁在保定府的大院君，还批准幼学李锺瑽的奏请，刊行《皇明实录》。李熙说："《皇明实录》果是希本，俟物力稍叙，可议刊行矣。"[①] 这种举动，隐含着对清朝特别是对袁世凯的抱怨。从 1882 年平定"壬午兵变"，到 1884 年摧垮"甲申政变"，与欧美列强交战中败多胜少的清军，却在朝鲜半岛连挫日本的扩张势头。1882 年 10 月，在李鸿章的一手策划下，清朝签订了《中朝商民水陆贸易章程》，竭力借助近代条约的形式，继续维护屡遭日本挑战的宗藩关系。1885 年 7 月订立《中朝电线条约》，由中国督办电报商局代筹借款白银 10 万两，铺设从汉城到义州的陆路电线，[②] 近代化的通信方式出现在双方的交往之中，燕行使的传统往来方式面临重大调整的机遇。

在 1884 年"甲申政变"中遭受重大挫败的日本政府，经过 10 年战备，终于在 1894 年 7 月发动蓄谋已久的甲午中日战争。击败清朝，1895 年 4 月订立《马关条约》，指出"中国认明朝鲜国确为完全无缺之独立自主，故凡有亏损独立自主体制，即如该国向中国所修贡献典礼等，嗣后全行废绝"。[③] 至此，行之既久的清、

---

① 吴晗辑：《朝鲜李朝实录中的中国史料》（一二），中华书局，1980 年版第 5270 页。

② 吴晗辑：《朝鲜李朝实录中的中国史料》（一二），中华书局，1980 年版第 5280 页。

③ 王芸生编著：《六十年来中国与日本》（第 2 卷），三联书店，1979 年版第 305 页。

朝鲜宗藩关系被日本的武力所摧毁，传统关系框架下的清、朝鲜文化交流结束。

日据时期的文化交流

1896 年 4 月，采用朝鲜国文的《独立新闻》创办，报刊的基调是热烈赞颂日本发动的侵略战争，鼓吹脱离中国、蔑视中国甚至进攻中国的偏激论调。1896 年 6 月 20 日载文说，"老天珍惜朝鲜引起了日清战争，于是朝鲜成为独立国"；同年 4 月 25 日载文说，中国"人们弱贱愚脏，没有爱国意识，受人家的欺负而自己不知"；8 月 4 日载文称，朝鲜应尽快实现文明开化，"以攻打清国，占领辽东和满洲，索取八万亿元的赔款"，等等。[1] 其他的朝鲜报纸，如《每日新闻》《帝国新闻》对中国的立场与《独立新闻》大同小异。

在驱逐了清朝势力后，1897 年 10 月，朝鲜国王高宗李熙称帝，改国号为大韩帝国，推行受制于日本的光武改革，国势日衰。日本政府经过 10 年战备，又在维护东亚和平和韩国独立的旗号下，于 1904 年发动了日俄战争。出乎韩国君臣的预料，日本在将俄国势力排挤出朝鲜半岛的同时，1905 年 11 月强制订立《乙巳保护条约》，将韩国保护国化。据 11 月 20 日《皇城新闻》报道，"各学校的激昂奋发，停止上学，痛哭回家。各部官人忧郁不平，往往

---

[1] 崔承现：《19—20 世纪之交韩国人的中国观》，载北京大学韩国学研究中心编：《韩国学论文集》第 9 辑，民族出版社，1999 年版第 283 页。

叹息，事务全废。一般商民也撤业忧愤"。"数十名民众冲进学部大臣李完用的府邸，焚毁两间房屋"。该报社主笔张志渊也在同日的《皇城新闻》上发表名文《是日也放声大哭》，痛斥伊藤以"东洋三国鼎足安宁""必扶植韩国独立"等言论愚弄韩国朝野，"我政府大臣豚犬不如""皇上陛下更以何面目面对二千万同胞"，悲愤不已地仰天长啸："呜呼，痛矣，愤矣！我二千万为人奴隶的同胞啊！生乎檀箕以来四千年的国民精神，一夜之间，猝然灭亡而止乎？痛哉！痛哉！我同胞啊！"① 武力抵抗日本侵略的义兵运动，兴起于各地。1909 年 10 月，义兵中将安重根义士在哈尔滨火车站击毙侵略元凶、前朝鲜统监伊藤博文； 1910 年 3 月，安重根在旅顺监狱从容就义。其义举与殉国，均在中国人心灵深处掀起巨大波澜。梁启超作长诗《秋风断藤曲》、章炳麟撰写《安君颂》、《民吁日报》发表评论《论伊藤监国暗杀案》、上海剧社"进化团"演出话剧《安重根刺伊藤博文》等，赞颂这位"亚洲第一义侠"，给予有力的道义声援，展开精神文化交流。

1910 年 8 月，日本吞并大韩帝国，数千年的文明古国一朝沦为日本的殖民地，在中国引起强烈反响。梁启超、康有为等社会精英纷纷著文，分析韩国亡国的原因，并引为中国的前车之鉴。随着 1912 年清朝的灭亡，短短两年时间，中韩两国的历史进程发生急剧转变，文化交流的内容和方式也迅速变化。国家间的文化交流因日本吞并大韩帝国戛然而止，民间文化交流在曲折中顽强展开，近代知识分子成为交流的主要承担者。

---

① 《高宗时代史》（第 6 卷），大韩教科书株式会社，1966 年版第 381～382 页。

迫于日本殖民体制的严酷统治，许多韩国爱国文化人不得不流亡海外，特别是流亡于中国。他们以抗日救国为己任，开展着特殊形式下的文化交流。其中，曾任弘文馆纂辑所文献考备续撰委员的金泽荣，愤恨日本政府恣意侵吞韩国主权而不愿仰人鼻息，于1905年毅然辞官西渡，携妻女流亡中国22年，在张謇创办的南通翰墨林印书局任编校，与中国著名文化人李晓芙、胡梓万、侯毅等共事，出版了《难经编正》《说文音释》《新高丽史》等学术著作多种，深受读书界的欢迎。其中，由金泽荣编校并出版的著作，就有《丽韩文选》《申紫霞诗集》《箕子国历代诗集》《韩国历代小史》《韩史綮》《沧江集》《韶护堂集》等诗文集、韩国史著等45部之多，[①]向中国读者介绍韩国文学和历史。

出身两班的爱国知识分子申采浩，早年从事新闻工作，文笔犀利，多次在《皇城日报》发表抨击日本殖民侵略的文章，受到日本警宪当局的迫害。1914年申采浩流亡中国，继续从事爱国文化工作。先后撰写了《朝鲜史》《朝鲜上古文化史》等史学著作，形成民族史学的

位于韩国首尔的申采浩塑像

① 邹振环：《金泽荣与近代中韩文化交流》，载《韩国学论文集》，民族出版社，1999年版。

基本史观。此外，还出版了小说《梦幻的天空》《乾隆皇帝之梦》等，发表了政论文章《宣言》《历史和爱国心的关系》，成为颇有影响的政论家和史学家。1928 年申采浩被日本军警逮捕，1936 年病故于旅顺关东刑务所狱中。与其齐名的另一位流亡中国的政论家、哲学家、史学家朴殷植，旅华期间，著《韩国痛史》《韩国独立运动血史》《儒教求新论》以及大量爱国小说和政论，对中国读者理解和支持韩国民族解放斗争，发挥了积极作用。

1919 年"三一"独立运动爆发，中国舆论和知识精英以前所未有的规模和力度，给予最有力的道义声援。中国报章杂志迅速报道了有关"三一"运动的消息。3 月 6 日，北京《公言报》以《高丽乱事纪闻》为题，率先刊载 3 月 5 日路透社的消息说：

"星期六日（3 月 1 日——引者注）下午，汉城高丽人约数千列队巡行各街。时有数百人涌入皇宫李太皇停柩之所。彼等甚抱不平，大声疾呼，要求高丽独立。高丽女学生亦列队出行，散布传单。学生等立街，偶向过往之人演讲。现汉城人民甚多，因各省（道——引者注）齐聚参观三月三日李太皇之国葬，经拘捕者不下百人。今又接森城（译音）三处不靖之报告，云各处学生攻击地方巡警区，又云已派出军队弹压。日本各报云：各处学生参与乱事者，以教会学校生徒最为活动（跃——引者注）。大阪接到高丽乱事之报告毫不动摇，各银行商店因李太皇国葬，本日停止办公以表尊敬。又电云：高丽乱事之祸首，乃天道教会长。该教徒约得一百余万，分散高丽各处。李太皇之国葬极为热闹，是日（3 月 3 日——引者注）八时半出发，排队二英里之远，送殡者

2 万人。李王与其弟及多数高丽、日本显贵者随枢扶送棺车过时，路旁参观者众莫不嚎泣。现据报告云，出殡时并无扰乱，云云。"①其他报章杂志，如《戊年周报》《华铎》《尚志》《华工杂志》等也都在"三一"独立运动期间刊载了多篇有关消息、报道并发表评论。在声援朝鲜民族抵抗的过程中，北京大学师生站在了最前列。

创刊于 1918 年 12 月，由北京大学教授陈独秀、李大钊、胡适先后任主编的《每周评论》，不仅在"国外大事述评"栏目刊登有关"三一"独立运动的消息，而且特别注重对运动的前因后果、意义、影响等加以阐述，其深刻程度，远超其他报章杂志之上。

例如，1919 年 3 月 16 日《每周评论》发表题为《朝鲜独立的消息，民族自觉的思潮也流到远东来了》一文，分别以"朝鲜被日本并吞的历史""朝鲜独立和国内政治的关系""朝鲜独立和思想潮流的关系""朝鲜的独立运动""宣言书中的旨趣""宣言独立以后的情况"6 个小标题，言简意赅地评析"三一"独立运动的经纬，并着重分析了运动的起因，以唤起读者的注意与思考。正如该文前言所说："这回朝鲜独立的运动，表面上似乎是受欧战的影响，其实他们蓄志也不晓得有多少年了。现在看，他们的独立预备非常周密，举动非常文明，就可以知道朝鲜的革命，是有组织的，是曾经过训练的。凡事有果必有因，既看到朝鲜独

---

① 《公言报》，1919 年 3 月 6 日。

立运动的结果，就不能不把他独立运动的原因写出来。"①

　　陈独秀以"只眼"为笔名，在3月23日的《每周评论》上发表社论《朝鲜独立运动之感想》。"感想"首先高度评价"三一"运动说："这回朝鲜的独立运动，伟大、诚恳、悲壮、有明了正确的观念，用民意不用武力，开世界革命史的新纪元。"继而，分别对朝、日、中三国发出呼吁，"希望朝鲜人的自由思想，从此继续发展"；"希望日本人，纵然不能即时承认朝鲜独立，也应当减少驻留朝鲜的军警，让他们有相当的自治权利"；慨叹中国人"比起朝鲜人来，真是惭愧无地"！②

　　新文化运动期间，北大学生团体十分活跃。其中，1918年10月成立的国民社聘请李大钊为指导教师，力倡启发国民觉悟、振兴国家，主要成员为邓中夏、高君宇、黄日葵等一批年轻有为的学生领袖。国民社的团体杂志为《国民》。另一学生团体新潮社则聘请李大钊等教授为顾问，刊行杂志《新潮》，主笔傅斯年。1919年1月至1922年3月出版3卷十余期，

傅斯年

---

① 《每周评论》，1919年3月16日。
② 《每周评论》，1919年3月23日。

最高发行量多达 1 万份，与《国民》堪称拥有广泛读者群的学刊双璧。

以杂志《国民》为例，"三一"运动期间，先后发表专文《朝鲜人之血泪》（第 1 卷第 3 号）、《韩国史略》（第 1 卷第 3 号，1919 年 3 月）、《可敬可佩的朝鲜人》（第 1 卷第 4 号，1919 年 4 月）以及许德珩的《无所望于今后之国民者》《国民思想与世界潮流》《外交与民主》《人道与和平》等文章（分别载于第 1 卷第 1 号至第 4 号），在纵论世界潮流、国际形势中，揭露日本殖民主义对朝鲜人民的野蛮镇压，赞扬朝鲜的民族抵抗，充分肯定轰轰烈烈的"三一"独立运动。另据杂志《新潮》所载傅斯年（孟真）《朝鲜独立运动之新教训》（1919 年 4 月 1 日，《新潮》第 1 卷第 4 号），也反映了当时北大学生从"三一"运动得到种种启迪。傅文对运动的总体评价是"这次朝鲜的独立，就外表论来，力量是很薄弱的，成功是丝毫没有的，但是就内里的精神看起来，实在是可以算得'开革命界之新纪元'"；傅文将"三一"运动三层重要的教训归结为："第一，是非武器的革命；第二，'知其不可而为之'的革命；第三，是单纯的学生革命。"傅文认为以上三教训亦即三种特色，值得北大学生反思。①

同一期《新潮》杂志还刊登了穗庭（陈兆畴）的文章《朝鲜独立运动感言》，对朝鲜独立的前景十分乐观。穗庭认为，"朝鲜这回的独立运动，再接再厉，勇猛无前""我想具有这种独立精神的民族，必不会永久仰他人鼻息的道理。朝鲜脱离日本的羁绊，

---

① 《新潮》第 1 卷第 4 号，1919 年 4 月 1 日。

直指顾间事，我们拭目以观其成就是了"。①

对朝鲜"三一"独立运动给予密切关注和支持的北大师生，率先发起"五四"爱国运动，说明两大运动之间存在难以隔离的精神联系。从此，抗日救亡、恢复国家民族主权和独立，成为中国与朝鲜文化交流的主旋律。无论是韩国临时政府、朝鲜人民革命军、朝鲜独立同盟艰苦卓绝的复国斗争，还是中国军民奋起抵抗日本军国主义逐步升级的侵华战争，民族解放的主旋律始终主导着中国与朝鲜文化交流的进程。

反抗日本军国主义侵略的正义斗争，事关中国与朝鲜民族生死存亡。参加这场民族解放战争的主力归属于各爱国党派。由于各自政治理念的不同，同为抗日民族统一战线的国共两党的军队分别据守在正面战场和敌后战场，因此来华的朝鲜爱国志士，也分别以中国东北、重庆或延安为基地，与不同的抗敌政党合作，参加民族解放战争。在这种情况下，中国与朝鲜、韩国的文化交流展现了服从抗战需要，围绕军事斗争展开等新特点。

在上海，1919 年 4 月，大韩民国临时政府成立，废除大韩帝国的君主制度，颁布《临时宪法》，选举李承晚为临时政府总统、李东宁为总理。1921 年 11 月，孙中山担任非常大总统的广州护法政府，回应韩国临时政府的呼吁，双方相互正式承认。中国成为率先支持韩国独立运动的国家。

在中国东北，抗日的义兵改组成接受韩国临时政府领导的独立军，活跃于中国延边、俄国沿海地区的北路军和鸭绿江流域，

---

① 《新潮》第 1 卷第 4 号，1919 年 4 月 1 日。

徐一、洪范图、李东宁、李始荣、李象龙、李青天、金佐镇、李范奭等爱国志士率部奋战在抗敌的最前线。1919 年 8 月至 1920 年 10 月，独立军在甲山、惠山、茂山、凤梧洞、青山里等处袭击日军，取得战果。1919 年 4 月，李青天在柳河县创办了新兴武官学校，为独立军培养了大批军事人才。1925 年朝鲜爱国志士在集安成立参议府，在桦甸建立正义府，在延边成立新民府，继续坚持抗日武装斗争。与此同时，独立运动者也在桦甸、兴京、龙井等地办报、办学校，开展各类宣传活动，以亡国之痛和复国之艰感染着中国民众。1927 年 2 月，韩国临时政府要员安昌浩来到吉林举行抗日讲演，受到欢迎。

"九·一八"事变后，日本军国主义悍然对中国发动了逐步升级的侵华战争。1931—1940 年，中国与朝鲜爱国志士经历了抗日义勇军、人民革命军和抗日联军等发展时期，转战于黑山白水之间，谱写了联合抗战时期文化交流的新篇章。以金日成为首的朝鲜共产主义者将东北战场视为解放祖国的前进基地，在开展武装斗争的同时，也在从事抗日文化斗争。1936 年 5 月，金日成制定了统一战线的纲领《祖国光复会十大纲领》，提出了解决政权问题、保障人民民主自由权利等各项政治任务，以及建设革命军队、发展民族经济和社会文化等各方面的任务，确定了民族解放的奋斗目标。[1] 同年 7 月，东北抗日联军第一路军成立，总司令杨靖宇作《中朝民族联合歌》，鼓舞中朝战士"团结紧""手携手打冲

---

① 金日成：《与世纪同行》第 4 卷，平壤外文出版社，1993 年版第 406～407 页。

锋""向着日本帝国主义者开火"。^①

1932年4月，为反击日本侵华并扩大政治影响，在韩国临时政府政要金九与中方人士谋划下，韩人爱国团成员尹奉吉用上海兵工厂秘制的饭盒型炸弹，炸毙炸伤出席虹口公园阅兵式的侵华日军总司令白川义则大将、第九师团长植田谦吉、驻华公使重光葵等多人，振奋中韩仁人志士的抗敌之心。国民政府加强对韩国临时政府的支持，协助其转辗于各地后，来重庆长期留驻，坚持抗战，开展战时文化交流与合作。1940年9月，在国民政府援助下，韩国临时政府在重庆组建光复军，中共驻渝代表周恩来等出席了典礼，热情祝贺。1942年8月，国民政府军事委员会制订了《对韩国在华革命理论扶助运用指导方案草案》；10月，军事委员会委员长蒋介石责成参谋总长何应钦、中央组织部长朱家骅和中央秘书长吴铁城负责实施。作为精神援韩和文化抗敌的重要举措，10月11日，双方在重庆广播大厦成立了中韩文化协会。韩籍会员多达400余人，韩国临时政府主席金九、外务部长赵素昂、金奎植、金若山等担任理事；中方孙科、吴铁城、朱家骅等政界要人担任理事，于右任、白崇禧、陈立夫、张治中等任名誉理事。协会的日常活动由中韩双方共同担任的理监事负责，理事会下设联络、宣传、研究三个委员会，开展大后方中韩战时文化交流。^②

1940年八路军的百团大战反响强烈，1941年1月，朝鲜义勇队北渡黄河进入太行山抗日根据地。1942年7月，朝鲜义勇队改

---

① 《东北抗日烈士传》第1辑，黑龙江人民出版社，1980年版第58页。
② 胡春惠：《韩国独立运动在中国》，民国史料研究中心，1976年第117页。

郑律成

称朝鲜义勇军，成立"朝鲜独立同盟"，总部设在延安，并在各根据地建立分盟，得到边区政府的坚定支持。独立同盟的盟员活跃于各敌后战场，演唱抗日歌曲，演出戏剧，书写标语口号，开展形式多样的战时文化宣传与交流。许多朝鲜爱国志士，充分展现文艺才能，以特殊方式，开展文化活动。其中，原籍全罗南道光州的音乐青年郑律成，1933年来华，投身于宁沪朝侨的抗日复国运动。1937年转赴延安，在抗日军政大学和鲁迅艺术学院任音乐指导或声乐教员。1942年出任太行山区朝鲜青年军政大学教育长，与中国抗日根据地军民并肩作战。极富音乐天赋的郑律成以音乐为武器，在炮火连天的抗敌斗争中，与中国战友创作了《八路军大合唱》《八路军进行曲》《延安颂》等大量充满抗敌激情的战斗歌曲，鼓舞了中朝军民的斗志。

第四章

中国与朝鲜、韩国跨世纪的文化交流

　　中国与朝鲜、韩国都是东北亚的文明古国，历来有官民并举、开展文化交流的传统。但是，日本军国主义的侵略破坏了中国与朝鲜正常的文化交流渠道；二战后冷战的形成，又使文化交流因分属东西方不同阵营而处于异常状态。1949 年 10 月 1 日，中华人民共和国成立，6 日与朝鲜民主主义人民共和国正式建交。1950 年 10 月至 1953 年 7 月，中国出兵朝鲜，抗美援朝，结成鲜血凝成的友谊。1961 年 7 月，签订《中朝友好互助条约》，两国关系愈加牢固。双方留学生的派遣、教授讲学、文化艺术团体的互访、文学作品的翻译与出版等多种方式的文化交流相当活跃。在中国"文革"期间，来自朝鲜的《卖花姑娘》《南江村的妇女》《看不见的战线》《鲜花盛开的村庄》等电影，给中国观众带来了诸多新鲜的观感。

　　1992 年，中韩建交，文化交流进入官民并举的正常状态。经过多年的积累，进入 21 世纪后，在三国之间，尤其是中韩之间的文化交流继续呈现新的发展势头，令人鼓舞。与此同时，由于高句丽历史认识问题，也一度产生消极影响。

几个特点

在全球化时代潮流的推动下，新世纪中国与朝鲜、韩国文化交流与合作进入新的发展阶段。其特点是：

（1）人员交流持续增长。据统计，除去常驻人员外，2003年中韩两国互访的游客总数稳定增长。在1140万赴华旅游的外国游客中，韩国游客194万人次，占17.1％；在447万赴韩国旅游的外国游客中，中国游客51万人次，占11.5％。留学生交流十分活跃：2003年，在韩中国留学生为5607人，在华韩国留学生为35353人。①2004年，访华的韩国人增加到285万人次，在华7.7万名外国留学生中，韩国留学生约为总人数的45％。②

（2）交流方式日益多元化和固定化，"韩流"经久不衰。与此同时，官方层次、学者层次和市民层次的交流同时并举，交流的渠道在拓宽。

在官方层面，2003年7月韩国卢武铉总统访华，在两国共同发表的《联合声明》强调继续加强文化交流及文化产业等全方位合作。据此，中韩相互举办了"中国文化展""中国文化年""韩国文化月""中韩国民交流年""中韩旅游文化节庆典"等众多大型文化交流活动。为推进影视文化产业合作，举办了电影周，合作拍摄了大量的优秀影视节目。据不完全统计，2003年以来，中国与韩国合作，合资拍摄的有《中国餐馆》《美丽的蝴蝶》《无

---

① 《中日韩推进三方合作联合宣言》，载《人民网·时政·高层动态》，2003年10月7日。
② 《人民日报》，2005年3月29日。

极》《北京我的爱》24 部影视剧，合作总金额高达 10 亿美元。另外，还将中国电影《英雄》引入韩国，获得 2300 万美元的票房收益。^①

2005 年 10 月，时任中国国家主席胡锦涛在对朝鲜进行了正式友好访问之后，11 月访问韩国。就推动和深化中韩全面合作伙伴关系，提出政治上增进互信、经济上扩大合作、国际事务上加强沟通等四点建议。其中第三点建议，是涉及文化交流的"人文上相互借鉴"，即扩大两国人员往来和文化、教育、科技、卫生检疫、环保等领域的交流，为两国关系发展注入更多活力。加强两国青年交流；共同办好 2007 年"中韩交流年"活动。卢武铉总统对上述四点建议表示完全赞同。^②

在学者层面，依据三国高等院校、科研机构之间签订的交流合作协定，举行国际学术会议、专家讲学、共同研究、图书资料交换、联合培养学生等方式日益多样化并程序化。韩国的国际交流财团、高等教育财团、学术振兴财团等团体，对开展上述高级层面的文化交流做出了贡献。北京大学与韩国高等教育财团等单位合作，从 2004 年开始举办一年一度的"北京论坛"，成为国际级的文化学术交流盛会。与会知名学者来自数十个国家，围绕着"和谐与繁荣""亚洲的和平发展"等课题，展开热烈讨论。论坛对扩大东北亚文化的世界影响发挥了积极作用。就培养人才而言，韩国国际交流财团援助首尔、高丽、建国、庆北大学学者赴华讲授韩国史，为中国研究生提供赴韩留学机会，对于培养 21 世纪的

---

① http：//ent.sina.com.cn，2005 年 4 月 2 日。

② 《人民日报》，2005 年 11 月 17 日。

文化交流人才来说，可谓功德无量。

在中韩学者和高等教育交流方面，许多韩国的有识之士做出了贡献。其中，高丽大学前校长、韩国社会科学院理事长金俊晔博士的开创之功，确应留诸史册。金博士早年在日本庆应大学攻读中国古代史，1944 年 1 月利用被强征为学生兵来华的机会，脱离日本军营，从徐州转辗重庆，加入韩国临时政府抗日建国旗下的光复军，活跃在民族解放的最前线。日本战败投降后，1946 年 2 月金博士执教于重庆国立东方语专，讲授韩国语，再随语专迁入南京，进中央大学继续攻读中国古代史。1948 年 7 月，金博士选拔杨通方等三位韩语优秀毕业生至汉城大学历史系留学。1949 年 1 月，金博士回国，在高丽大学任教。1950 年 6 月朝鲜战争爆发，师生天各一方。1986 年，早已是北京大学东语系教授的杨通方先生应邀前往美国夏威夷大学发表学术讲演，师生得以重逢洛杉矶。36 年过去了，当年的年轻人已步入还历之年，却以年轻人般的活力，为追回中韩文化交流停滞多年的时间而热情奔走。在金博士的推动下，北京大学、辽宁大学、山东大学、复旦大学、杭州大学、南京大学等高等院校先后创立了韩国学研究学术团体，形成文化交流和切磋学术的网络。对中韩文化交流做出巨大贡献的金博士，在 2000 年 3 月荣获中国教育部颁发的中国语言文化友谊奖。

在市民文化交流层面，电影、电视剧、小说、歌曲、舞蹈等为人们喜闻乐见的表现形式，通过电视播放而进入千家万户。在世纪之交，"韩流"滚滚而来，在中国受到普遍的欢迎。2004 年热播的《明成皇后》意犹未尽，2005 年《大长今》的播映，再次为韩国历史剧赢得了更多的电视观众。通过历史剧的播出，使中国观众对不太熟悉的朝鲜历史，有了形象化的生动感受，其效果是出版多少部历史书都难以企及的。1997年以来，《爱情是什么》《向日葵》《我的野蛮女友》《天桥风云》《巴黎恋人》等言情剧接踵而至，成为中国观众了解当代韩国的窗口。《我的名字叫金三顺》《玫瑰人生》等言情韩剧分别占据了中国电视收视率的前10名。据网上调查，83.12％的网民表示"喜欢韩剧"；在"最喜欢哪个国家或地区的影视"的调查中，54.55％的网民选择了"韩剧"；其中，67.81％的网民为青少年。[①] 与此同时，自2000年北京电影学院成功地举办韩国电影周之后，韩国电影在中国也受到了观众的喜爱。

从1999年开始，第一届中韩歌会在北京举行，双方出动最强的音乐、演唱阵容，由电视转播，一举成功。此后，每年一届的歌会在两国轮流举办。截至2005年11月，已经连续举办了7届。每届歌会均成为两国以歌会友的狂欢节，吸引了人们的目光，影响越来越大。同时，韩国工业制品和电子产品等大举登陆中国市场，受到人们的喜爱，以人气颇旺的韩剧影视作品为主力，并在中韩歌会热烈节奏轰鸣下，滚滚而来的"韩流"在中国经久不衰。与此同时，名曰"汉风"的中国文艺作品，也在韩国找到了知音，尽管文化格调的品位和受众面的大小，双方存在明显的差别。可以预测，随着生活质量的提高、欣赏情趣的变化和影视文化交流

---

① 《中国青少年流行文化现象分析报告（2005）》（一），www.people.com.cn，2006年3月1日。

的继续展开，感知彼此历史文化和加深文化亲和力的趋势，将会进一步增强。

（3）传播手段进一步便捷化和效率化。在 21 世纪，网络用户的激增、网络时代给人们的生活所带来的变化，都令人始料未及。在中国，1993 年的网络用户仅有 2000 余户，至 2005 年猛增到 9400 万户以上。[①] 作为信息传播的便捷手段，网络在文化的传播中也发挥着图书时代所难以想象的传播速度和效率，对各国的政治生活和社会活动直接产生影响。从韩国的总统选举，到中国网民走上街头呼吁抵制日货，再到青少年痴迷网络游戏正在成为各国政府头痛的社会问题，都是众所周知的网络进入社会生活的典型例证。形形色色的网站，其涵盖的内容五花八门，如同大千世界的万花筒。不同的人群均可以选择自己需要的内容或场所，在这个信息来源广阔、容量丰富、传递速度迅捷的世界里，有所收获或得到满足。借助网络，文化的传播和交流手段日益便捷化和高效化。

信息技术的快速发展和介入文化领域，催生了方兴未艾的文化产业。据称，在美国，文化产业在国民生产总值中所占比重为 70％，在英国这一比重达 60%，但在中国还不到 10％。[②] 这组对比悬殊的数字，一方面说明世界文化信息技术发展的不平衡，另一方面说明这项新技术的发展前景相当广阔。换言之，在思考新世纪文化交流和传播的时候，必须重视文化信息新技术的研发和

---

① 香港《亚洲时报在线》，2005 年 8 月 31 日。
② 2005 年 10 月 12 日新华社首尔（汉城）电讯。

推广。在这方面，韩国文化产业的成功经验，值得认真研究和推广。例如，在政府的政策引导下，企业提供资金，支持言情电视剧的创作或网络游戏的开发，使之进入国际市场，为"韩流"畅行各国，提供了源源不断的动力。这样，文化交流在促进各国精神世界沟通的同时，也带来了丰厚的经济效益和社会影响。丰厚的收益又为文化市场的开拓提供动力，从而形成双赢的良性互动。资本运作介入文化遗产和资源的保存和开发，势必加快其发展势头。

文化交流关系日益成熟

1.面临的冲击

2003 年 6 月至 2004 年 8 月，在中韩两国之间，围绕"东北工程"以及与此相关的高句丽问题，在韩国引起轩然大波。这一事态提醒世人关注新世纪两国文化交流中存在反方向的冲击问题。这些冲击的源头，与韩国社会的某些人士心中存在已久的"辽东情结""高句丽情结""'间岛'情结"，以及中国人士如何应对不无关系。如果换位思考，例如从两国历史、文化、民族关系非常密切的视角出发，在新世纪，加强合作，共同深入研究学术课题，感悟"君子和而不同"的古训，必将推出学术研究的新局面。如果将历史问题现实化，学术问题政治化，或者将理性分析感情化，则无益于研究的发展。

为了加强对中国东北地区历史文化的研究，以利学术发展、民族团结和经济建设，2001 年 12 月《东北边疆历史与现状系列研究工程》（简称"东北工程"）立项，2002 年 3 月工程启动。"东北工程"包括课题研究、档案文献整理、文献翻译和建立信息库四大系列，其课题研究主要包括古代中国疆域理论，东北地方史，东北民族史，中朝关系，中国东北边疆与俄国远东地区政治、经济关系史，古朝鲜，高句丽，渤海史等重点内容，并开展了相应研究。

2003 年 6 月，署名"边众"的作者在《光明日报》"史学副刊"上发表题为《试论高句丽历史研究的几个问题》的文章，围绕"高句丽政权的性质应是受中原王朝制约和地方政权管辖的古代边疆民族政权"这一中心论点，从民族起源、政权变迁、汉唐王朝的立场、高句丽接受中央王权的册封、部分高句丽遗民融入中国民族等几个方面，论证高句丽是中国"东北历史上的少数民族政权"。[①] 这一观点立即引起朝鲜和韩国学者的关注。朝鲜出于内政外交的需要，学者的内部批判多，公开批判较少。韩国则群情激动。2003 年 7 月，KBS 电视台开始播放有关"东北工程"的评介，《朝鲜日报》等大报也卷入声讨行列；同年 12 月，韩国古代史学会、韩国考古学会、韩国近现代史学会等 17 个学会发表联合声明，要求中国应立即停止把高句丽史编入中国历史的"歪曲历史行为"；大学教授纷纷发表谈话，指责中国的"历史帝国主义"。进入 2004 年，这一争论不但没有平息，反而愈演愈烈，发展成政治、外交问题，致使两国政府不得不出面交涉。

2004 年 2 月，时任中国外交部副部长王毅访韩时曾提议，从

---

① 《光明日报》，2003 年 6 月 24 日。

学术角度解决高句丽历史问题，得到韩国外交部门的响应。不久，中国外交部网站关于韩国历史沿革的表述，又使韩国舆论大哗。抗议浪潮席卷全国，连家庭主妇都加入其中。7月16日，在国务总理李海瓒主持的国政悬案政策调整会议上，决定成立以相关部门局长级人士组成的"高句丽史相关事务对策协商会"，为尽早处理高句丽历史争论做好必要准备。

为防止高句丽历史问题所引发的争议进一步升级，2004年8月，时任外交部副部长武大伟飞抵汉城，与韩国外交通商部次官崔英镇等韩国官员展开了长达9个半小时的马拉松谈判。双方就高句丽历史问题达成一项《五项谅解事项》，约定为了防止因历史上的高句丽问题影响两国的友好合作关系，双方根据1992年8月的《韩中建交联合声明》及1993年7月两国共同签署的《联合声明》，为发展全面的合作、伙伴关系而努力；双方达成共识，未来将在中韩合作关系的框架下，寻求妥善解决高句丽历史问题的方案，采取必要的举措，为防止高句丽史演变成政治问题做出努力；双方将为尽快举行学术交流而努力，并使之有助于增进两国间的学术交流和两国国民的理解。同年8月，时任中国全国政协主席贾庆林赴韩国访问，在青瓦台拜会了韩国总统卢武铉，当面转达了时任国家主席胡锦涛"期待维护两国关系健康、稳定发展"的口信。卢武铉总统对此表示感谢，双方一致同意从两国关系大局和长远战略的高度出发，相互尊重，坦诚相见，妥善解决彼此关切的问题。在两国政府的共同努力下，高句丽历史归属的争论从街头抗议回到学术讨论的会议室，两国学者之间展开对话。

两国关系的大局未受影响，各种交流继续发展。2003年7月，中韩发表联合声明，建立全面合作伙伴关系，在大力扩展经贸关系的同时，强调推进文化交流、教育合作。2004年11月，世界上第一家孔子学院，即首尔孔子学院挂牌运营。随即，其他孔子学院或孔子课堂出现在韩国各大学，多层次的汉语教学与文化交流活动活跃发展。

2.前景展望

新世纪的东北亚文化交流大背景之下的中国与朝鲜、韩国文化交流，主流之所以是健康的，并非偶然。从积极的方面来看，主要是下述因素发挥综合作用的结果。

（1）业绩斐然的经济开发和经贸关系的加强，为文化交流奠定了坚实的基础。经济联系超越意识形态的大发展，在促进文化交流的同时，也对文化交流在经济合作中提出新的要求。因此，文化交流在完成中韩邦交正常化之前异常时期的历史使命后，其新的发展就有待于经济关系的加强，从而获得源源不断的动力。中韩两国文化交流持续发展的深层原因，就在于此。据韩国政府统计，1992年中韩两国建交时，两国间贸易额仅为63.7亿美元，到2004年已增至794亿美元，增长了12.5倍。同期，据中国方面的统计，贸易额由50.3亿美元增长到900.7亿美元，增长了近18倍，2005年有望突破1000亿美元大关。截至2005年3月，韩国累计在中国投资约3万项以上，资金达260亿美元。仅2004年就有5000项投资，投资额达到62.5亿美元。每天平均有14项投资立项，金额为 1700 万美元。^①随着中韩经济关系的快速发展，"韩流"在中国登陆，"汉风"在韩国吹起，企业和个人发展成为文化交流的受益者，遂使交流获得了用之不竭的动力。

近年来，中、日、韩三国围绕开展环黄海圈经济开发的新探索，展现着未来东北亚经济区域化的轮廓，并对既存的三国与"东盟"十国的"10+3"合作机制发挥补充作用，日益受到人们的重视。环黄海经济开发圈具有各大城市相互邻近、交通条件便捷和生产基础设施齐备的优势。中国的大连港、青岛港、烟台港等港口，与韩国的仁川港、釜山港和群山港，构成庞大的港口群落。1990年 9 月，中国与哈萨克斯坦的铁路接轨，打通了东起连云港，经中国陇海铁路进入新疆并穿越欧亚大陆，西抵荷兰鹿特丹港的欧亚大陆桥，形成现代版的"丝绸之路"。韩国的釜山、仁川、群山和木浦等港口都将成为欧亚大陆桥的受益者。古代仁川在中韩交流的突出位置，釜山、群山在对日交往中不可替代的角色，在现代海上与陆上"丝绸之路"的商贸网络铺设中，再现昔日的辉煌。可以预见，伴随着环黄海经济合作圈的发展，中、日、韩三国的文化交流与合作，自然会进入新的发展阶段。

（2）沿海经济开发战略形成推动文化交流的持久动力。打开积极参与国际大循环的新思路，部署中国和平崛起的大棋局，是 20 世纪 80 年代以来中国政府的基本战略，沿海地区的经济开发成为带动全局的关键。1980—1985 年，首先在深圳、珠海、厦门、海南岛等地创设 5 个经济特区，开放北起大连等城市，中经上海

---

① 《人民日报》，2005 年 3 月 29 日。

等地，南连广州、北海等 14 个沿海城市，并在长江三角洲、珠江三角洲、闽南和胶东半岛、辽东半岛、河北、广西沿海地带设立 7 个经济开发区，在东部沿海地带掀起对外开放的第一次高潮。自 1990 年起，又以上海浦东开发为龙头，辐射安徽、江西、湖南、湖北、四川等长江流域各省区，构筑了前景广阔的长江黄金水道；开放内陆 18 个省会或自治区首府，以及珲春、满洲里、凭祥等 13 个边境城市，在更大的范围内掀起对外开放的第二次高潮。1993—1994 年，国家计委根据中共"十四大"加快开发环渤海地区经济开发战略，提出初步报告。京、津、辽、冀、鲁、晋 6 省（市）的省（市）长、中央 14 个部委领导召开联席会议，研讨环渤海地区的开发规划，环渤海经济开发圈隆重出台，掀起第三次开发高潮。2003—2004 年展开技术改造，投入人才和巨额资金，振兴东北老工业基地，推动西部大开发，促进中部的发展，掀起改革开放的第四次高潮。在高潮迭起的开发过程中，珠江三角洲、长江三角洲和京津唐形成雄厚的经济基础和庞大的规模。其中，京津唐与环黄海经济开发圈遥遥相对，发展前景看好。

1986 年，韩国国土开发院和政府建设部已制定了《国土综合开发方案》和《重新划分工业布局的计划》，把 20 世纪 90 年代的经济建设重点转移到与中国隔海相望的西南部沿海地带。1988 年，韩国政府提出迎接"21 世纪西太平洋时代"的西海岸开发战略，为完成规划中提出的 126 个开发项目，1988 年计划投资额度为 22.3 万亿韩元（约合 320 亿美元），1995 年增至 44.5 万亿韩元，1996 年追加 1 万亿韩元，至 2001 年又追加 27.4 万亿韩元，总投资额巨大。①1994 年韩国政府陆续推出八大广域开发圈开发规划，其中，牙山湾、群山·长项、光州·木浦、光阳湾·晋州、大田·清州五个广域开发圈，直接西向中国的环渤海经济开发圈；江原道海岸、大丘·浦项、釜山·庆南圈三个广域开发圈也同中国建立了密切的经济关系。在此基础上，2005 年韩国总统卢武铉将十多年前第一任文官总统金泳三提出的韩国争当"世界中心国家"的发展战略目标，进而确定为韩国担当东北亚平衡国家的新主张，力图在东北亚集体安全和经济开发中，发挥韩国的桥梁作用，在新世纪发展的大格局中，占据最有利的位置。西海岸经济开发，越来越被置于国家发展战略的优先地位之上。中韩两国的沿海经济开发战略，呈现逐渐向环黄海经济开发圈地区移动的趋势。这种态势为开展两国的国际文化交流开创了有利的大环境，并提出了消除障碍，以利经济关系顺畅发展的现实要求。中韩两国政府理智处理，学者从两国关系大局出发，开展学术对话以商榷高句丽历史归属问题，即为突出的一例。

（3）文化交流的自身魅力。古代东北亚各国共同创造的汉字儒学文化圈，曾以内涵的博大精深，与基督教文化圈、伊斯兰文化圈并立于世界，为人类社会的进步做出了重大贡献。在以汉字为媒介的儒学文化圈酝酿、发展和扩展的过程中，不消说中国与欧美国家，即使较之中国与日、越、缅、印等周边邻国，中国与朝鲜、韩国之间的文化交流堪称历时最悠久、领域最广泛、方式最丰富、层次最高级、影响最深远。这几个"最"，既体现了中

---

① 尹阳洙：《黄海圈时代：西海岸开发战略》，国土开发研究院，第 11 页。

国与朝鲜、韩国传统文化交流的主要特色，也充分展示了双方文化交流自身魅力的持久与强韧。悠悠数千年间，改朝换代如同走马灯，但中国与朝鲜、韩国文化交流的洪流，却能越过各种人为的障碍，奔流不息。从古至今，在文化交流的撞击与融合进程中，双方的本土文化不断融入外来文化的精华，愈加丰满多彩，提高人们的生活品位，满足精神的需求。

在人类社会中，人们生活品位的提高和精神需求永无止境。生活品位和精神需求，又无不源出于文化的发展和质量的提高。数千年间，儒家文化、佛教文化、道教文化一直滋养着中国与韩国、朝鲜民族和国家的成长，为文化交流之树的常青注入源源不断的活力。社会的进步，要求文化教育走出象牙塔，进入寻常百姓家。经过古代漫长的文化熏陶，近代文化的演进和现代东西方文化的互动，中国与朝鲜、韩国两国先后实现了文化教育的平民化进程。在 21 世纪，随着跨入日新月异的网络信息时代，可以预见：中国与朝鲜、韩国在继续开展学术雅文化的交流，保持切磋学理、考辨国故、经世济民等传统特色的同时，娱乐俗文化的交流，也将以其富于创新力、表现力和吸引力，在社会大众、特别是青少年人群中，赢得大量的追随者。无论是雅文化还是俗文化，各自拥有自身的特色和魅力，在新世纪将中国与朝鲜、韩国的文化交流推向更加活跃发展的新阶段。

主要参考文献：

1.《二十五史》。

2.《三国史记》。

3.《三国遗事》。

4.《高丽史》。

5.《东国通鉴》。

6.《燕行录》。

7. 吴晗辑：《朝鲜李朝实录中的中国史料》（一），中华书局，1980 年版。

8. 北崖子：《揆园史话》，Hanbuli 出版，2005 年。

9. 周一良主编：《中外文化交流史》，河南人民出版社，1987 年版。

10. 杨通方：《中韩古代关系史论》，中国社会科学出版社，1996 年版。